Julius von Pflugk-Harttung

Die Urkunden der Päpstlichen Hanzlei vom X. bis XIII. Jahrhundert

Julius von Pflugk-Harttung

Die Urkunden der Päpstlichen Hanzlei vom X. bis XIII. Jahrhundert

ISBN/EAN: 9783743697799

Hergestellt in Europa, USA, Kanada, Australien, Japan

Cover: Foto ©Lupo / pixelio.de

Weitere Bücher finden Sie auf **www.hansebooks.com**

DIE URKUNDEN

DER

PÄPSTLICHEN KANZLEI

VOM X. BIS XIII. JAHRHUNDERT

VON

JULIUS von PFLUGK-HARTTUNG
PRIVATDOCENTEN IN TÜBINGEN

ABGEDRUCKT AUS DER ARCHIVALISCHEN ZEITSCHRIFT BAND VI

MÜNCHEN
THEODOR ACKERMANN
KÖNIGLICHER HOF-BUCHHANDLER
1882

Kgl. Hof-Buchdruckerei von E. Mühlthaler in München.

Seiner Eminenz

dem

Kardinale

Dr. J. Hergenröther

Vorstande des päpstlichen Geheimarchives

in aufrichtiger Dankbarkeit und Verehrung

zugeeignet.

Vorwort.

Schon seit Ende Mai des Jahres 1880 liegt diese Abhandlung druckfertig. Nur geringe Aenderungen und Nachträge sind seitdem nöthig geworden. Sie bestehen wesentlich in Ergebnissen einer italienischen Reise. Ich glaube sagen zu dürfen, dass hier zum ersten male der Versuch gewagt worden, in die ungeheure Masse päpstlicher Urkunden Ordnung zu bringen, sie nach ihren verschiedenen Gruppen zu sondern, sie innerhalb der Gruppen zu zerlegen. Wie traurig es bisher damit gestanden, mag z. B. der Umstand beweisen, dass Kaltenbrunner mehr als 30 Seiten füllende „Bemerkungen über die äusseren Merkmale der Papsturkunden des 12. Jahrhunderts" veröffentlichen konnte, in denen er darthut, wie er nichts weiter kennt als Prunkbullen und unfeierliche Breven. Zu geschweigen, wie er sie kennt.

Der Umstand, dass in der Diplomatik (besser wohl Chartik) im Allgemeinen, in der päpstlichen im Besonderen, noch vieles an den technischen Ausdrücken mangelt, nöthigte mich schon früher, selbstständig schaffend und ändernd vorzugehen und habe ich auch diesmal nicht umhin gekonnt. Leicht wird man erkennen, dass es sich dabei um ein genau und bis in's Kleinste durchdachtes System handelt, welches, wie ich glaube, selbst strengen Anforderungen gerecht zu werden vermag, allerdings theilweise abweichend von dem anderweitig üblich Gewordenen.

Wie jedem Werke menschlichen Geistes werden auch diesem die Mängel des Menschlichen anhaften, um so mehr, als ich die Correcturen ohne Manuscript ausführen musste, welches auf der Post verloren gegangen war, jene in einem Florentiner Krankenhause erfolgten, in dessen Räumen selbstverständlich jedes wissenschaftliche Hülfsmittel fehlte. Auf der nach der Drucklegung fortgesetzten Reise sammelten sich noch Kleinigkeiten hinzu, deren wichtigste ist, dass ich jene Art von Mittelbullen, welche angegeben als unter Alexander III auftauchend (Text S. 38), jetzt in Originalen von Hadrian IV bis auf Cölestin III gefunden habe, womit diese Urkundengruppe also genau einsetzt, als die anderen Mittel- und die Halbbullen aufhörten. Das mir zu Gebote stehende Material beläuft sich, nach ungefährer Schätzung, auf c. 1000 Beschreibungen von Originalen, c. 500 Pausen, c. 300 Siegelabdrücken und einem Häuflein sonstiger Notizen. Die Zahl der eingesehenen Originalurkunden dürfte 2000 erreichen, die der herangezogenen Archive 100 überschreiten.

Beim Durchblättern der Aushängebogen fand ich S. 22, vorletzte Linie: „Gerade diese Urk. befindet sich im Pariser Nat.-Archiv und ist die einzige, auf die Löwenfeld meines Wissens überhaupt den Leser verweisen konnte". Im Manuscripte und erster Correctur stand an dessen Statt: „und dieses ist das einzige, auf das etc.", womit ich sagen wollte, dass L. es dahin brachte, von Archiven, welche Papstoriginale enthalten, ein einziges und auch das nicht einmal ordentlich zu kennen, oder, die Nationalbibliothek hinzuaddirt, ihrer ganze zwei „durchforscht" hat. L. mag der eingeschlichenen Aenderung Dank sagen, dass ihm eine Kenntniss zugemuthet worden, die ihm leider fehlt, weswegen sich denn die von ihm gefällten diplomatischen Orakel für den, der selber ein wenig zur Priesterzunft gehört, auch höchst befremdlich ausnehmen.

Tübingen, Januar 1882.

J. v. Pflugk-Harttung.

Inhalt.

Seite

Einleitung . . . . 1—3

I. Bullen . . . . 3—40

Feierliche Bullen . . . . 4—37

Vorrahmen 4—12. Chrismon 4. Nominatio 4. Inscriptio 5—11 (Adressaten 5—6, Formulirung 6—11). Verewigung 11—12. Schlussrahmen 12—35. Scriptumzeile 12—15. Datumzeile 15—22. Datum et Scriptum 22—23. Unterfertigungszeichen 23—26 (Bene valete 24. Rota 24—25. Monogramm 25. Komma 25). Unterschrift des Papstes 26—27. Zeugenunterschriften 27—35 (Personen 27—31. Eintragung 31. Formulirung 31—35). Tironische Noten 35.
Conscript 36—37.

Mittelbullen . . . . 37—39
Unfeierliche Bullen . . . . 39—40

II. Breven . . . . 40—50

Feierliche Breven . . . . 40—41
Unfeierliche Breven . . . . 41—50

Vorrahmen 42—46. Nominatio 42. Adresse 43—46 (Adressaten 43—44. Formulirung 44—45). Heilformel 45. Ausgebildete Adresse 45—46.
Schlussrahmen 47—49. Datirung 47—49.
Conscript 50.

III. Judikate . . . . 50—62

Reine Judikate . . . . 51—57

Vorrahmen 51—52. Invocatio 51. Datirung 51.
Schlussrahmen 52—53. Scriptumzeile 52. Unterschriften 52—53. Ausfertigungszeile 53.
Conscript 53. — Abweichungen 53—55. Synodal-Judikate 55—56. Judikat-Privilegien 56—57.

Judikats-Bullen und -Breven . . . . 58—62

Vorrahmen 58. Conscript 58. Schlussrahmen 58. — Abweichungen 59—62. Actumzeile 59. Actumzeile weggelassen 59—62.

		Seite
IV. Synodalien .		62—74
Synodal-Bullen .		63—71

Vorrahmen 63. Conscript 63—64. Schlussrahmen 64. — Abweichungen 65—71. Verbindung von Synodal- und Judikatsbulle 66—68. Synodal-Bullen ohne wirkliches Konzil 68—69. Konsekrationsbullen 69—70. Rückblicke 70—71.

Synodal-Zuschriften	71—72
Synodal-Akten . . .	73—74

Akten 73. Referate 73. Schriftstück über die Wahl Gregors VII 73—74.

Nachträge in Urkunden   74—75
Doppelausfertigungen   75—76

Die Urkunden der päpstlichen Kanzlei
vom 10. bis 13. Jahrhundert.

Von

Dr. J. v. Pflugk-Harttung,

Privatdocent in Tübingen.

Die Ausbildung der päpstlichen Kanzlei hat gleichen Schritt mit der Erweiterung der päpstlichen Macht gehalten. Ihr war eine schwerere Aufgabe überwiesen, als irgend einer anderen Kanzlei des Mittelalters; sie konnte nicht wie die königliche mit Vorhandenem rechnen, nicht wie die der Bischöfe durch Gemeinsamkeit gefördert werden, sondern sie musste, auf sich allein angewiesen, Neues schaffen, musste die Fähigkeit entwickeln, der päpstlichen Politik und der päpstlichen Einwirkung überall, auch in den unbekanntesten Fernen, unter den schwierigsten, verschiedensten Verhältnissen, die äussere Gestalt zu geben. Ihr lag es ob, die Begriffe in Formen zu giessen, der Weiterbildung der Begriffe die der Formeln anzupassen, sich einen Geschäftsstil zu schaffen, der jeglicher Anforderung gerecht wurde. Sehr bald hat sie ihre weltumspannende Aufgabe herausgefühlt. Das frühe Vorhandensein eines päpstlichen Archivs zur Aufbewahrung der ältesten Urkunden, welches bis in das dritte Jahrhundert hinaufzureichen scheint,[1] gewährte mannigfachen Stoff zur Selbstthätigkeit; äusseren Halt bot der Formalismus, dessen Fixirung in Sammlungen kam der Sicherheit und Nutzbarmachung zu Gute. Diente der ordo romanus wesentlich dem Rituale, der Priesterthätigkeit, so galt der liber diurnus der Verwaltung. Stätig und folgerichtig vollzogen sich die Wandlungen, immer deutlicher die Umgränzungen des Einzelnen.

---

[1] Phillips Kirchenrecht VI S. 362; Hinschius Kirchenrecht I S. 432; Rozière, Liber diurnus p. VII seq.

Als das Papstthum mit Gregor VII. und Urban II. die Führerrolle im Abendlande übernahm, vermochte deren Kanzlei den äussersten Anforderungen zu entsprechen, keine zweite durfte sich ihr in Leistungsfähigkeit an die Seite stellen.

Aktenmässige Schriftstücke der verschiedensten Art gingen damals aus ihr hervor, oder waren aus ihr hervorgegangen: Bullen, Breven, Judikate, Synodalakten, Gutachten, Eide, Gelübde, Glaubensbekenntnisse, Verträge, Investituren, Bescheinigungen, Sekuritäten, Anklagen, Exkommunikationen (z. B. Mansi Coll. XVIII col. 450) u. s. w. Nach anderer Seite zeigen sich Register, Konsekrationslisten, Formulare u. dergl. in bunter Reichhaltigkeit.

Wir beschränken uns hier auf die wichtigeren der päpstlichen Schriftstücke, die es zu einer bestimmten Formulirung und Weiterbildung gebracht haben, es sind: Bullen, Breven, Judikate und Synodalakten; auch bei ihnen mehr skizzirend verfahrend, das Wichtigere herausgreifend, das weniger Wichtige kurz andeutend. Das Aeussere lassen wir im Ganzen mehr zurücktreten, nur hie und da als Folie und Erklärung dienen, weil wir es in einem umfangreicheren Werke zu behandeln gedenken.

Die vorberegten Arten von Urkunden unterscheiden sich, sofern sie nicht in einander übergehen, durch äussere Gestalt und innere Formulirung. Sind die Bullen feierliche Akten auf grossen Pergamentstücken ausgeführt, so treten uns die Breven als kleine, unscheinbare Schriftstücke entgegen. Inhaltlich ergibt sich als Grundzug der Bulle, namentlich in ihrer Hauptart, im Privilegium, die Richtung auf das Allgemeine, das allseitig, ewig Verbindende, weswegen in der durchgebildeten Kanzlei die Adresse auch regelmässig mit der Verewigung mit „in perpetuum" schliesst. Das Breve dient mehr dem besonderen Falle, das Judikat ist Gerichtsakt, ist ein Protokoll über Verhandlungen vor dem päpstlichen Gerichte, das Synodal eine Darlegung von Synodalbeschlüssen. In den Bullen pflegt etwas gewährt, in den Breven befohlen, verboten, verlangt, mitgetheilt, erörtert, im Judikate und Synodale einfach berichtet zu werden ohne Ge- oder Verbote. Wurde die Bulle in der Regel nur auf Ansuchen ausgestellt, so diente das Breve den unzähligen Vorkommnissen des Tages.

Von vorne herein ist das Wesen der päpstlichen Kanzlei konservativ gewesen im Festhalten an der Formel, allmählichen Ausbau, sicheren Um- und Weiterbilden. Unbegründete Abweichungen sind stets Verdacht erregend, nur der Macht der Verhältnisse pflegte man zu weichen, ihr sich anzuschliessen. Vor allem bewirkten allmählich die Zeit und die Häufung von Geschäften Veränderungen im Sinne von Vereinfachungen, wobei namentlich zu beachten, wie die Judikate in der Bulle aufgehen, die Breven zunehmen, häufiger an die Stelle von Bullen treten. Kleinere Güterbestätigungen und solche einzelner Rechte, die noch im 11. Jahrhunderte durchweg in Bullenform ertheilt wurden, erhielten im Laufe des 12. gewöhnlich die des Breve.

Nur besondere Umstände, besonders wichtige Personen oder Institute, für die man urkundete, sich allmählich ausbildende Taxen für die verschiedenen Schriftgattungen, veranlassten noch eine Anwendung der Bullenform, als man gemeinhin schon das Breve verwandte. Hierhin gehört z. B. der Erlass für Erzbischof Wichmann von Magdeburg vom 25. Oktober 1184 (Acta Pontif. I Nr. 362), die der drei Gegenpäpste Viktor IV., Paschalis III. und Calixt III. für Stablo, worin dem Abte zugestanden wird, Ring, Mitra und Sandalen tragen zu dürfen (Acta 1 Nr. 326, 328, 333), es sind feierliche Bullen, von Kardinälen unterzeichnet, deren Inhalt damals sonst aber gewöhnlich in Breven gegeben wurde.

I. Bullen.

Die päpstliche Bulle ist aus dem Briefe erwachsen und stets hat sie den Charakter ihrer Entstehung bewahrt. Lange Jahrhunderte hatte man für Zuschriften und Privilegien keine eigentlich sicheren Sonderformeln, keine verschiedene Art der äusseren Ausfertigung, erst allmählich trennt sich dies, das Privilegium wird zur Bulle, der Brief zum Breve; eine Thatsache, die nicht vor dem 10. und 11. Jahrhunderte zur Durchführung gediehen ist. Die Gewohnheit des Schreibens, die namentlich im 11. Jahrhundert gewaltig anwachsende Menge von Geschäften, vielleicht auch der Beschreibstoff, sind von Einfluss gewesen. Während man im National-Archive zu Paris noch einen päpstlichen Brief an Karl den Grossen (?) aufbewahrt, ausgeführt in der grossen alten Curiale auf langer Papyrusrolle, scheinen die wenigen nur im Texte erhaltenen kurzen Briefe des 10. Jahrhunderts schon auf Pergament geschrieben zu sein.

Doch auch noch weitere Scheidungen hat die Anhäufung von Geschäften und die Rücksicht auf das Praktische hervorgerufen, zunächst die, dass neben der grossen, feierlichen Bulle weniger prunkhaft gehaltene in Gebrauch kamen, welche wir als Mittel- und unfeierliche (kleine) Bullen bezeichnen. Dies geschieht rein nach ihren Aeusserlichkeiten, ohne Rücksicht auf den Inhalt, obgleich dem letzteren auch ein gewisses Gewicht beizumessen ist.

Noch anders liegt der Fall, wenn man innerhalb der Gruppe der feierlichen Bullen nach Geschäftsmaterien geschieden hat, wenn man ein einfaches Privilegium in einigen Theilen verschieden von einer Bulle formulirte, welche in Folge von Gerichtsverhandlungen oder einer Synode erlassen wurde. Um die Eigenheiten dieser beiden letzteren Arten möglichst scharf von denen des gewöhnlichen Privilegiums abzuheben, werden wir sie gesondert betrachten, hier haben wir es zunächst nur mit den Privilegium-Bullen zu thun, nur wo jene sich mit diesen decken, werden wir sie mit heranziehen [1].

Feierliche Bullen.

Das am meisten charakteristische Kennzeichen dieser Urkunden, die auch als grosse oder Prunkbullen bezeichnet werden können, besteht in dem ausgeschriebenen Bene valete der Unterfertigung, und nach dessen Wegfall in der Ersetzung durch Rota und Monogramm.

Rahmen.
Vorrahmen.

Die Eingangsformeln sind ohne Absatz hinter einander eingetragen; zur Zeit der vollen Durchbildung der Kanzlei durch verlängerte Buchstaben in der ersten, bisweilen durch halblange in der zweiten Zeile vor dem Konskripte ausgezeichnet. Sie zerfallen in:

1) **Chrismon**, als Kreuz oder Chi-rho-Zeichen vorkommend, bis auf Alexander II.

2) **Nominatio**, enthaltend Nennung und Titel dessen, der die Bulle ertheilt, in unserer Zeit stets „Y. episcopus servus servorum dei", nie „papa" oder dergleichen [2]).

---

[1]) Es braucht wohl kaum erwähnt zu werden, dass die folgenden Untersuchungen nur auf bedingte Richtigkeit Anspruch erheben können: der Zustand der Drucke päpstlicher Urkunden ist ein so trauriger, dass sich nichts absolut Zuverlässiges daraus folgern lässt; übrigens wird man sehen, dass stets möglichst vorsichtig zu Werke gegangen ist.

[2]) In Höffer Hist. Jahrb. I S. 111 Nr. 27 werde ich durch Löwenfold bei einem Privilegium belehrt: „die Invocation ist im elften Jahrhundert durchaus

3) **Inscriptio** oder Adresse, die Angabe des oder der Empfänger mit erläuternden Zusätzen. Noch im 11. Jahrhunderte kann die Adresse fehlen, unter einzelnen Päpsten wie Sergius IV. kommt dies sogar verhältnissmässig oft vor (Jaffé 3032, 3035, 3036). Ist sie gesetzt, was als Regel zu gelten hat, so herrscht Freiheit in der Haltung sowohl dem Adressaten gegenüber als auch hinsichtlich der Formulirung.

Zunächst die Adressaten berücksichtigt, finden wir, dass man sich nicht unpersönlich, sondern persönlich auszudrücken pflegte, d. h. dass man z. B. in einem Privilegium, ausgestellt für ein Kloster, nicht dieses schlechtweg, sondern den Abt desselben nannte und zwar mit Namen, wozu dann noch die Fratres oder dergleichen kommen können. Anders natürlich, wenn das Privilegium sich an eine Genossenschaft oder dergleichen wendet, wie z. B. an die Pröpste der deutschen Regularkanoniker (Acta I Nr. 196), das an die Kongregation von Vallumbrosa (Jaffé 4055), die an die Domkanoniker von Lucca (J. 3234), das an „sacerdotes, levites und universi sacri ordines Lucae comorantes" (J. 3316), das an die Regularkanoniker von Jesus Nazarenus (J. 4033 a) u. s. w. Doch kommen, namentlich unter Leo IX. und Alexander II., immerhin aber ziemlich selten, Fälle vor, wo die Adresse auf den Ort lautet, wie Leo IX. St.-Dié (J. 3195): „tibi, S. Deodate, et per te servientibus tuis"[1]) etc., ähnlich so findet sich „ecclesiae genitricis Marinae" (J. 3228), „ecclesiae sanctorum, confessorum Martini et Agerici" (J. 3231), „ecclesiae in honorem S. Johannis Evangeliste sanctique Maximini confessoris in suburbio

nichts seltenes". Kaltenbrunner, Papsturk. S. 80 CCCXC a, hingegen verwendet die Invocation für eine Urk. oben des 11. Jahrhunderts unter anderem als Beweis für Fälschung (leider am ganz unrichtigen Orte, vergl. oben letzte Seite). Diese Gegensätze dürften das beste Zeugniss dafür sein, wie es Belden an selbsterarbeiteter Sicherheit fehlt, sie statt ihrer eine Annahme setzen, von der sie als Thatsache ausgehen. Bevor man Untersuchungen auf Echtheit und Fälschung macht, also das höchste und letzte der betreffenden Wissenschaft vornimmt, muss man genau die verschiedenen Urkunden-Gruppen auseinander halten; denn sie wollen in ihrer Eigenart genommen werden. Die Zahl der päpstl. Originale, welche ich gesehen, dürfte hinter 2000 kaum zurückstehen, und nie fand ich ein Privilegium mit einer Invoc. L., der meines Wissens nur ein einziges der Archive, die hier in Betracht kommen, und auch das nicht genau, kennt (vergl. oben S. 22 Anm. 1), möge doch den Beweis erbringen von dem, was „durchaus nichts seltenes" ist, und zwar nur einen einzigen sicheren Beweis.

[1]) Wenn der Druck zuverlässig.

Trevirorum specialiter dedicatae" (J. 3233), „ecclesiae in filiis et filiabus, clero videlicet et populo" (J. 3154) u. dergl. Gleichwohl sind dies Ausnahmen, als Regel bleibt die persönliche Haltung der Privilegien: desshalb ist es im Ganzen auch selten, dass solche, die für eine bestimmte Stiftung ausgestellt wurden, sich in der Adresse an eine grössere Zahl von Personen wenden, wie etwa das Victor II. für Goslar mit: „omnibus Christi fidelibus" (Acta 1 Nr. 28), das Leo IX. für Poussay: „omnibus ortodoxis sacrosanctae Romanae ecclesiae gubernatoribus et omnibus verae religionis veraeque fidei cultoribus praesentibus et futuris" (J. 3177).[1]) In der durchgebildeten Kanzlei vermeidet man möglichst solche weitgeführte Verallgemeinerung.

Von den Adressaten haben wir auf die Formulirung der Adresse und die Art der Anrede überzugehen. Letztere ist in der durchgebildeten Kanzlei die zweite Person singularis, in der unausgebildeten, zumal noch in der ersten Hälfte des 11. Jahrhunderts, kommt auch die zweite Person pluralis vor. Die Formulirung erweist sich im 11. Jahrhunderte noch äusserst mannigfaltig, sie kann kurz sein, ohne jeden Zusatz, wie „omnibus Christi fidelibus" (Acta 1 Nr. 28) und dies durch die verschiedensten Zwischenstufen übergeführt werden, bis zur vollendeten Weitschweifigkeit, die mit den wenigen Worten der Nominatio über drei Zeilen der grossen Pergamentfläche umfasst.

Zunächst tritt entgegen, dass der Papst die Adressaten meistens nicht schlechtweg, sondern mit einem Zusatze anzureden pflegt, und zwar einen Bischof mit „frater", jeden Andern mit „filius". Doch wird dies vor der durchgebildeten Kanzlei nicht immer strenge innegehalten, wie z. B. Paschalis II. den Abt von La Cava[2]) und den von Monte Cassino (J. 4387) mit „frater" anredet. Immerhin ist so etwas sehr selten, häufiger findet sich bei Bischöfen und Erzbischöfen „confrater" auch „coepiscopus" angewendet, z. B. J. 3295 (in wiefern

---

[1]) Alexander II — Velletri (J. 3402), wo 8 Personen namhaft gemacht sind und dann fortgefahren wird: „caeterisque aliis presbyteris in eadem civitate Velletri comanentibus intus et foris", ist unverwendbar: es ist eine ziemlich ungeschickte Orig.-Nachbildung (Arch. Capitol. Velletri), offenbar von der gleichen Hand ausgeführt, die Urban II — Velletri (J. 4037) fabricirte (Arch. Munic. Vell.).

[2]) Ungenügend gedruckt bei Guillaume, Essai hist. de l'abbaye de Cava XXIII. J. 4081, wo Urban II die gleiche Anrede braucht, erweist sich unverwendbar, weil die Urk. nur Nachbildung und zugleich Fälschung ist, ein wirkliches Or. Urbans II im Archive der Trinità di Cava (bisher unedirt) hat „filio".

zuverlässig?), 3319, 3334, 3335 etc. Der Regel nach treten zu dem „filius" oder „frater" noch ein oder einige Beiworte, das häufigste ist „dilectus", woneben aber alle möglichen anderen vorkommen: „pius, religiosus, reverendus, venerabilis", dann Steigerungen wie „dilectissimus, reverendissimus, carissimus", selbst ganz vereinzelt „sanctissimus" (z. B. J. 4025). Von beiden Arten können auch zwei Ausdrücke neben einander gesetzt werden, also: „dilectissimus et carissimus" und dergl. Zu solchem Beisatze tritt nicht selten noch ein weiterer: „in Christo, in domino", früher wohl auch „in domino Jesu Christo". Die volle Formel wäre demnach „dilectus in Christo filius Y. abbas", oder auch, jedoch weit seltener, „dilectus in domino Y. religiosus abbas". Leo IX. braucht einige wenige Male eine Wendung, wie: „carissimus nobis in Christo domino Jesu filius" und ähnliche; im Ganzen sind solche Zusätze von „noster" und dergl. selten und deuten meistens auf Ueberarbeitung.

In der Titulatur selber pflegt man genau zu sein, also es wird gesagt: „archiepiscopus, episcopus, abbas, prepositus" etc., wogegen ganz zurückstehen Ausdrücke wie „praesul, rector" u. dergl. (J. 3065, 3189, 3345, 3349), den Abt von Monte Cassino finden wir mit „copresbyter" angeredet (J. 4387). Selten sind Umschreibungen, wie: „Johanni clerico qui dicitur abbas de Curte" (ungedruckte Urk. v. Jahre 1100, im Arch. v. Monte Cassino), ebenfalls nicht zahlreich näher erklärende Zusätze, wie „filia a nobis ordinata et consecrata (J. 3202), episcopus nostris per dei gratiam manibus consecratus" (J. 5032), und dergl.; oder Erweiterungen durch „fundator" etc. (J. 3436). Bekleidet der Adressat verschiedene Aemter, so setzt man gerne das voran, in dessen Eigenschaft die Bulle erfolgt: z. B. „Oderisio Casinensi abbati et S. R. E. presbitero cardinali" (J. 4397), oder erweitert: „religiosissimo abbati coenobii S. Benedicti necnon et reverendissimo sancti Petri cardinali" (Alexander II. — Monte Cassino), wo auch die verschiedenen Beiworte zu beachten sind. Die Höhe der Aemter kann hier von Einfluss sein. Mangelt es an einem festen Titel, dann schwankt auch die Bezeichnung; so werden z. B. Saba und Silvius von Calixt II „rectores basilicae Constantinianae", von Honorius II „custodes ptochii Lateranensis" (bisher ungedruckte Urk. Vergl. Kaltenbrunner Pabsturk. 5042[a] und 5266[a]) genannt. Zur Würde tritt die Angabe des Ortes, bezw. der Kirche, bald einfach, bald mit einem Beiworte versehen, am liebsten „venerabilis", also z. B. „dilectus filius Y. abbas venerabilis monasterii

Z.", doch kommen auch andere Beiworte vor, wenn gleich ziemlich selten; dahin gehören „sancta (ecclesia), sacratissimum (monasterium)" (J. 3166). Zur Titulatur des Adressaten kommt der Ortsname einfach, wie „abbas Cluniacensis, abbas monasterii Cluniacensis", oder in erweiterter Wendung wie „abbas monasterii, quod dicitur Cluniacum", oder mit Zusätzen: „in matrice ecclessia Spoletani" etc. Der Kirche können alsdann auch die Heiligen, denen sie geweiht ist, hinzugesellt werden, entweder, dass dieselben ohne Zusätze bezw. nur mit Beiworten wie „gloriosus, beatus" etc. daneben oder davor gestellt werden, oder, dass man eine erweiterte Wendung, etwa mit „dicitur" und dergl. wählt, etwa wie: „ecclesia beatorum martyrum Bertarii et Ataleni, quae dicitur Blederici villa". Statt „dicitur" findet sich auch „nuncupatur", selbst vereinzelt „cui vocabulum est". Oder es heisst „Salernitana ecclesia, quae est beatae et semper virginis dei genitricis Mariae" oder „ecclesia in honore sancti Johannis evangelistae dedicata", oder dieses wird noch weiter ausgedehnt, wie namentlich in einigen Urk. für S. Giovanni in Laterano (bisher ungedruckt im Lat. Arch.). Sind nur die Heiligen dem Titel des Adressaten beigefügt, so hilft man sich der näheren Ortsbestimmung wegen bisweilen sehr umständlich z. B. in Urkunden für Fulda: „abbas venerabilis monasterii salvatoris domini nostri Jesu Christi et sancti Bonifatii, quod situm est in loco qui vocatur Bochonia iuxta ripam, quod vocatur Fulda." Zur gesammten Ortsangabe können noch weitere Auseinandersetzungen 1) über die Lage treten, einfach, wie „in pago Ambianensi, in suburbio Trevirorum, in civitate Luca, in insula Pomposiae", oder mit „situm, positum" etc., oder „quod est constructum, quod ponitur in", oder durch bereits oben besprochene Wendungen, erweitert wie: „monasterio beati Petri apostoli, sito extra, imo et iuxta civitatem Perusiam, in loco qui dicitur Caprarius". 2) Können der Ortsangabe Bestimmungen anderer Art beigesellt werden, wie: „ecclesia, dei genitricis Mariae, ubi (in qua) requiescit (sacratissimum) corpus sanctae (beatae) virginis Odilae, quae dicitur Hemburc"; nicht selten haben wir auch in „loco videlicet qui dicitur" u. dergl.

Da bei Privilegien das Allgemeine berücksichtigt zu werden pflegte, so stellte man ein solches nicht gerne für den Vorstand eines Stiftes allein aus, sondern zugleich für dessen Nachfolger oder Brüder, also den Convent, die Congregation. Beide Zusätze pflegen an den Schluss der Adresse verwiesen zu werden, der erstere gern in der Wendung „et per te omnibus successuris tuis" oder kürzer „tuisque successoribus, cunctisque (tuis) successoribus (abbatitus)", oder „et iis quae post eum ... successerint", wozu dann Erweiterungen wie „iuste intrantibus, regulariter substituendis canonice promovendis, ibidem (iure et) regulariter promovendis, illic regulariter ad regimen provehendis, qui regulariter in eodem successerint, iuxta praedicti confessoris Benedicti statutum canonice illuc intrantibus" etc. kommen kann. Ist die Adresse zunächst unpersönlich an das Stift direkt gerichtet, so wird auch dann gerne noch der Vorstand hinten angefügt, etwa: „et per eum confratri nostro Joanni eiusdem ecclesiae archiepiscopo", gewöhnlich mit Zusatz von „tuis successoribus" oder „et per illud (scil. monasterium) Rainerio abbati eiusque successoribus ibidem iure et regulariter promovendis". An Stelle der Nachfolger kann aber auch die Congregation gesetzt werden: „archidiacono et reliquis canonicis, abbati suaeque almae congregationi, abbati et eius fratribus, abbati eiusque fratribus" etc. Wie zu den successores treten zu den fratres gerne noch nähere Beisätze, oft die gleichen, die wir bereits kennen lernten, sonst nahe verwandte, wie „regulariter viventibus," allmählich drängt sich stark vor „tam praesentibus quam futuris". Selbst beide Parteien, sowohl die Nachfolger wie die Congregation, können eintreten, mit „eiusque successoribus et per eum (te) monachis ibidem perpetuo famulaturis" oder „et per eam (ecclesiam) omnibus illius successoribus ac monachis deo inibi famulaturis" (Acta I p. 18) oder „suisque successoribus nec non universae congregationi sub eodem aeterno regi militanti", oder, gewandt wie: „abbati et eius fratribus in Calmosincensi ecclesia canonicam vitam professis corumque successoribus in eodem religone permansuris". Schliesslich finden wir, dass um des Vorstehers willen auch des Klosters gedacht wird, wie: „et per te eidem venerabili monasterio (tuisque successoribus)," oder umgekehrt um der Kirche willen des Vorstehers, z. B. „ecclesie beati Stephani et per eam Johanni abbati" (ungedruckte Urk. Leos IX. in Arezzo).

Je mehr sich allmählich die Kanzlei ihrer vollen Durchbildung nähert, desto stärker nimmt die Mannigfaltigkeit der Adressen ab. Von entscheidender Wichtigkeit dafür war das Bestreben, die Adresse in eine Zeile zu bringen, welches, unter Innocenz II. stark hervortretend, unter dessen Nachfolgern zur vollen Herrschaft gelangt. Jezt war äusserlich der Raum gegeben und in diesem liess sich nur eine gewisse Anzahl von Worten unterbringen, so dass man wohl oder übel haushalten musste. Von Abweichungen unbeschadet, pflegen in der durchgebildeten Kanzlei folgende Regeln befolgt zu werden: Wird ein Privilegium für ein Kloster oder sonst eine Genossenschaft ertheilt, so adressirt man es an Vorsteher und Brüder „Y. (abbati, decano) eiusque (suisque) fratribus" oder „decano et canonicis", weniger oft „et fratribus eius," oder „abbati et universo conventui". Nur verhältnissmässig selten haben wir noch Adressen an den Abt und dessen Nachfolger gerichtet, oder gar an Abt, Nachfolger und Brüder; eine Art der Entwickelung, die es gegen Ende des 12. Jahrhunderts bisweilen überflüssig erscheinen liess, dem Prädikate des Vorstehers noch den Namen beizufügen. Wird ein Privilegium für ein Bisthum ausgestellt, so ist bisweilen wie in dem für Klöster und Kirchen verfahren, also: „episcopo et canonicis," eben so oft aber „episcopo eiusque successoribus." Ersteres die umfassendere Wendung, da Kapitel und Bischof verschiedene juristische Personen waren. Wird einem Würdenträger persönlich etwas verwilligt, fügte man so gut wie regelmässig die Nachfolger bei. Daneben kommen dann Fälle vor, wo an eine Genossenschaft im Ganzen adressirt wird.

Zu dem Titel tritt bei Angabe von Vorsteher und Brüdern die Wendung „dilectis filiis" oder „dilectis in Christo filiabus", die selten fehlt oder verändert ist, am häufigsten noch in „dilecto filio", woneben aber auch „in Christo filiabus sanctimonialibus" vorkommt, „venerabili fratri Y. episcopo et dilectis in Christo filiis, fratribus" etc. „Dilecto filio, venerabili fratri" u. dgl. wird gewöhnlich angewendet, wenn ein Privilegium nur an Vorsteher und Nachfolger ertheilt worden. Der Vorsteher pflegt regelmässig bei Namen genannt zu sein, Beiworte zum Orte fehlen, nur noch ganz selten, namentlich unter Eugen III., finden wir hier ein „venerabilis" oder Aehnliches. Der Ortsname ist einfach mit dem des Vorstehers verbunden, also: „Galtero abbati Dervensis monasterii, Matheo Trecensi episcopo, Teobaldo abbati Molismensi, Roberto Belnensis ecclesiae decano", oder mit Hinzufügung der Heiligen „Johanni abbati monasterii sanctae Mariae in Nogento, sanctae Mariae Molismensis, beatae Mariae de Fusseio, sancti Michaelis super Mosam", dann auch „sancte Marie Magdalene apud Bisontium constitute". Die Verbindung des Heiligen mit dem Orte kann jedoch in alter Weise auch umständlich erfolgen: „ecclesia que in Halberstadensi civitate sita est," oder „Casa dei in silva, que dicitur Viconia", oder „cenobio sancte Marie Nivnenburgensis, quod in Paviensi episcopatu situm est", oder „ecclesie sancte Marie Magdalene, que sita est in loco qui dicitur Frankendal". Auf Urkunden Eugens III. für italienische Klöster finden wir vereinzelt grosse Weitschweifigkeit, z. B. „Johanni abbati venerabilis monasterii, siti in loco, qui Columba dicitur et Caretum antiquitus vocabatur, quodque in Placentino episcopatu situm est". Doch solche Fälle sind jetzt selten und nehmen immer mehr ab, wenn wir auch noch unter Eugens Nachfolger finden, wie Adressen für italienische Stiftungen verhältnissmässig weitläufiger gehalten sind, als solche für nicht italienische.

An die Ortsangabe reiht sich die der Nachfolger oder Brüder, „eiusque fratribus" etc. (vergleiche oben). Daneben finden sich Fälle, wo eine andere Art der Wendung beliebt wurde, etwa „abbati et universo Tuitiensi conventui, praeposito et fratribus in coenobio S. Marie, abbati eiusque fratribus de Raitenhaslach". Sind die Brüder genannt, so pflegt hinzugefügt zu sein „tam presentibus quam futuris", woran sich reiht: „regularem vitam professis", wenn es Regular-Geistliche sind; „canonice substituendis", bisweilen „canonicam vitam professis" bei Weltgeistlichen; „canonice substituendis" steht auch bei den Nachfolgern, sich unmittelbar an „successoribus" anschliessend. Nur selten fehlt solch ein Nachsatz.

4) Verewigung. Zunächst noch in der Adresse steckend, erst allmählich sich als eigener Bestandtheil lösend, erweist sich der Schluss des Vorrahmens: die Verewigung. Sie ist zunächst noch äusserst mannigfach formulirt, findet sich auch durch die Heilformel ersetzt, oder mit dieser verbunden, ja, beide können sogar ganz fehlen. Sowohl die Verewigung als auch die Heilformel kommen schon früh in reiner Gestalt vor, erstere als „in perpetuum", letztere als „salutem et apostolicam benedictionem". Zwischen diesen beiden Endpunkten schwankt man dann aber bis etwa in die Mitte des 11. Jahrhunderts umher mit: „salus et pax et apostolica benedictio, quoad mundus permaneat, perpetuam salutem, perpetuam in domino salutem, aeternam salutem, perpetuam benedictionem et salutem, pacem et apostolicam benedictionem, apostolicam benedictionem". Ziemlich schnell nimmt der Kreis dieser Ausdrücke ab, unter Leo IX. sind es wesentlich „perpetuam in domino salutem" und „in perpetuum", die um den Vorrang ringen, von denen letzteres

allmählich entschieden das Uebergewicht erlangt und unter Victor II. herrschend wird, was es auch unter den nächsten Päpsten bleibt. Neben ihm kommen noch vor: „salutem et apostolicam benedictionem, perpetuam in domino Christo salutem" und ganz vereinzelt „(charitativam) in perpetuum salutem" (J. 3452, Acta I p. 36), doch ist diese Form schon nicht über Zweifel erhaben; unzuverlässig ist das „nunc et venturis temporibus" in Jaffé 3367. Gregor VII. hat ziemlich ausschliesslich „in perpetuum" gebraucht, Wibert von Ravenna anfangs die längere Formel mit „in (domino) Christo" vorgezogen. Urban II. schloss sich an Gregor, neben „in perpetuum" verwendete er noch „salutem et apostolicam benedictionem". Andere Formeln wie „in posterum, in perpetuam memoriam" sind auf Lesefehler bezw. Unkenntniss des jetzt zu PPM verkürzten Wortes „perpetuum" zurückzuführen.

Zäh hat sich die Heilformel neben der Verewigung bis auf Honorius II. behauptet, ja selbst unter Innocenz II. kommt sie noch vereinzelt auf grossen Bullen vor, um dann gänzlich von ihnen verbannt und Uebergangsbullen oder dem Breve vorbehalten zu werden.

Schlussrahmen.

Die Formeln und Zeichen, welche die Bullen abschliessen, sind grossen Theils augenfälligeren Wandlungen unterworfen gewesen, als die des Eingangs. Dabei sind zwei Perioden zu unterscheiden, abgegrenzt durch das Pontifikat Leos IX.; beiden gemeinsam sind Scriptum- und Datumzeile.

1. Scriptumzeile.

Auf das Conscript pflegt die Scriptumformel zu folgen, worin sich derjenige nennt, der die Urkunde geschrieben, bezw. concipirt und aufgezeichnet hat. Sie war im 10. Jahrhunderte von grösserer Wichtigkeit, als im 11., wie sich daraus ergibt, dass sie sich an Theilen reicher zeigt, und dass sie oft die fehlende Datirung zu vertreten hat, was im 11. Jahrhunderte nur noch sehr selten vorkommt. Sie wird eingeleitet durch die Worte „Scriptum per manus", nur in ganz vereinzelten Fällen anders, wie z. B. in Clemens II. - Fulda: „Scriptum hoc privilegium per manus." Im 10. Jahrhundert trat zu dieser Einleitung gewöhnlich der Name des Notars, dessen Titel und Würden, die Angabe des Monats ohne

Tagesbezeichnung und die Aufzählung der Indiktion. Besondere Umstände, namentlich das Fehlen einer eigenen Datumzeile, konnten Erweiterungen, andere Verengerungen herbeiführen. Der Grund, wesswegen nur eine Monats-, keine Tagesangabe eingezeichnet wurde, wird darin zu suchen sein, dass die Concipirung und Niederschreibung oft längere Zeit in Anspruch nahm, wohl in nur ganz seltenen und dringenden Fällen in einem Tage beendet wurde, und desshalb ein bestimmtes Datum der Sache nicht recht entsprochen hätte.[1]

Noch in dem Privilegium Silvesters II. für Puy finden wir jene volle Scriptumzeile mit Monat und Indiktion,[2] sie bleibt beibehalten unter den folgenden Päpsten bis gegen Ende des Pontifikats Benedikts VIII., wo die Zeitangaben vereinzelt zu fehlen beginnen. Unter Johann XIX. und Benedikt IX. hat man sich wieder dem alten volleren Brauche angeschlossen, unter Gregor VI. lässt sich ein Schwanken beobachten, worauf unter Clemens II. die knappere Art wieder die Oberhand erhält, während sie unter Leo IX. vor der volleren zurückstehen muss, ja zweimal in dieser noch sogar die Tagesangabe aufgenommen wird, und zwar nicht nach röm. Kalender, sondern nach fortlaufender Zählung innerhalb des Monats. J. 3260. Scriptum 20. März, Datum 21. März; J. 3261. Script. 24. März, Datum 25. März. Unter Victor II. sehen wir hierin völlige Inconsequenz; während sich J. 3309 (Datum und Scriptum gleichen Tag) dem zuletzt genannten Brauche anschliesst, haben wir in J. 3310 nur Indiktion und Monat, in J. 3311 gar das Inkarnationsjahr, aber dieses ohne weitere Angaben. Stephan X. scheint das Bedürfniss gehabt zu haben, sich von seinen nächsten Vorgängern, den deutsch-kaiserlichen Päpsten, zu unterscheiden und wieder mehr der früheren Tradition sich zuzuwenden, desshalb wurde die Scriptumzeile wieder regelmässiger aufgenommen und zwar in ihrer alten Gestalt, wo Monat und Indiktion genannt werden, nur vereinzelt schob er die Tageszählung innerhalb des Monats zwischen beide ein, wie in J. 3318, das Scriptum nennt hier den 19. Nov., das Datum den 22. Nikolaus II. schloss sich dem Brauche seines Vorgängers an, die Scriptumzeile wurde häufig verwendet und zwar

---

[1] Vergl. auch meine Dipl. histor. Forsch. S. 549. Scriptumzeile. —
[2] Delisle in der Bibl. de l'école des Ch. XXXVII. p. 110 hat sich verlesen, es heist nie: „Signum Petri" etc. auf päpstl. Urkunden, überdies ist am Ende der vorletzten Zeile deutlich „sc" zu lesen, also „scriptum per manus", wie gewöhnlich.

in der alten Form, daneben aber liess man einige Abweichungen zu, so in J. 3330, wo statt des Monats das Pontifikatsjahr eintrat, in J. 3356, wo vor den Monat der Tag gesetzt wurde, in der Zählung innerhalb des Monats (sexto die mensis Maii), und J. 3357, wo ein Gleiches der Fall, doch nach römischem Kalender gezählt worden (II. Idus Maii). Der Zusatz des Tages geschah hier in der offenbaren Absicht, sich von dem des Datums zu unterscheiden, denn in ersterem Falle ist im Scriptum der 6. Mai, im Datum der 5., im zweiten dort der 14., hier der 16. Mai angegeben, einmal weist also das Scriptum auf den späteren, einmal auf den früheren Zeitpunkt. Unter Alexander II. haben die älteren Scriptoren Rainer, Guinizo und Stefan Monat und Indiktion gesetzt, während Octavian sie wieder wegliess, diesem schloss sich Johann einmal an (J. 3435), einmal liess er den Monat aus und setzte Indiktion und Inkarnationsjahr (J. 3434), vielleicht weil keine Datirungszeile folgte, die Näheres hätte angeben können. Ziehen wir auch die Urkunden Alexanders herzu, die Jaffé unter die Spuriae verwies, so sehen wir einmal Titel und Indiktion (J. Spur. 390), einmal nur den Titel (391). Unter Gregor VII. tritt die Scriptumzeile ganz zurück, wir finden sie nur einmal (J. 3987) und auch da nicht in Ordnung, sie bringt: Monat, Tag im Monat gezählt, Indiktion. Daneben finden wir dann in Baume — les-Moines, Acta I p. 87 Anm. 1, eine Scriptumzeile, welche im Werthe des Datums steht (unten S. 23). Mit Urban II. macht sich die Scriptumzeile wieder mehr geltend und zwar der Regel nach durchaus die kurze, welche nur Namen und Titel bringt; erst am Ende von Urbans Regierung, seit dem Jahre 1098, sehen wir wieder für das Gutbefinden des Beamten Raum gelassen: J. 4270 bringt zum Namen und Titel noch Monat und Indiktion, und J. 4282: Namen, Titel, Indiktion, Monat, Tag innerhalb des Monats gezählt, und zwar den 1. Dezember[1], während das Datum den 8. Dezember hat. Doch ist hiebei zu beachten, dass diese Urkunde kein eigentliches Privilegium, sondern eine Judikat- und äusserlich Mittelbulle ist. Unter Paschalis II., dessen Kanzlei der Scriptumzeile mit besonderer Vorliebe zugethan gewesen und sie desshalb in ungewöhnlich vielen Fällen aufgenommen hat, sehen wir die bisher beobachtete Entwickelung zum Durchbruche gediehen: die Scriptumzeile besteht nunmehr nur noch aus der Ein-

---

[1] Mensis Decembris die prima.

leitungsformel „Scriptum per manus", dann dem Namen, an den sich die Würdenangaben reihen. Gelasius II., der den Privilegien durch Weglassung von Rota und Monogramm ein so ganz anderes Aeussere gab, hat auch die Scriptumzeile fallen lassen, sein Nachfolger jedoch Calixt II. nahm sie wieder auf und zwar in der Gestalt, welche sie unter Paschalis II. gehabt hatte, ohne sie jedoch annähernd so oft zu verwenden. — Damit ist die Rolle zu Ende, welche die Scriptumzeile in der päpstlichen Kanzlei gespielt hat. Nach Calixt II., in der ausgebildeten Kanzlei, kommt sie nicht mehr vor. Schon der äussere Umstand, dass sie bald gesetzt, bald weggelassen wurde, ohne dass sich ein Grund dafür angeben liesse, zeigt, dass sie eines der am wenigsten durchgebildeten Theile in der päpstlichen Kanzlei gewesen. Als sie zur Durchbildung gediehen ist, steht sie schon am Ende ihres Daseins. Ihr vollständiges Ausbleiben unter einzelnen Päpsten, ihr mehr oder minder starkes Auftreten unter anderen, scheint zu zeigen, dass der Wille des Papstes nicht ohne Einfluss auf sie geblieben, das Hin- und Herschwanken ihres Inhaltes, die bald verlängerte, bald verkürzte Form im gleichen Pontifikate erweist aber ebenso, dass dem Gutbefinden des Schreibers ein nicht unbedeutender Spielraum gelassen war.

2. Datumzeile.

Mit der Scriptumzeile in Parallele zu bringen, vereinzelt selbst sie ersetzend oder mit ihr verbunden, ist die Datumzeile, welche als das Letzte bezw. Unterste des auf dem Pergamente schriftlich Eingetragenen zu gelten hat. Sie umfasst dasjenige, was in der kaiserlichen Kanzlei der Rekognition und Datirung überwiesen wurde, ist also nicht nur letzteres, sondern zugleich Beglaubigung, weswegen hier auch ein höherer Beamter hervorzutreten pflegt und in der früheren Zeit vereinzelt statt des einleitenden „Datum" das sehr bezeichnende „Subscriptum" gelesen wird (vergl. z. B. Marini, Papiri p. 14, 27; 220, 223). Sonst ist „Datum, Data" meistens in „Dat." verkürzt das einzig vorkommende Wort, welches die Formel einleitet, nur unter dem Gegenpapste Clemens III. (Wibert) sehen wir, durch Kaiser- oder Privaturkunden veranlasst, einige Male „Acta(um)" angewandt, vereinzelt bei einer Concils-Bulle gar „Acta sunt haec" (J. 3997).

Die Datumformel ist die interessanteste der Privilegien. In ihren Wandlungen findet sich die ganze Entwickelung des Papstthumes niedergelegt.

In der ältesten Zeit, als die Macht der Bischöfe Roms noch nicht entfaltet war, berechnete man die Zeit der Datirung wie auch sonst im römischen Reiche nach den Konsuln, und, als mit Flavius Basilius die eigentlichen Konsuln aufgehört hatten, fortlaufend nach dessen Amtsjahr. Unter Papst Vigilius trat im Jahr 550 das Regierungsjahr des Kaisers hinzu, gewiss zusammenhängend mit dessen Reise nach Konstantinopel, beeinflusst wohl von der Unzulänglichkeit einer Aera, welche von Flavius Basilius rechnete. Das Kaiserjahr begann jetzt bisweilen die Konsulatsangabe zurückzudrängen. Mit Honorius I. (625—638) kam es dann auf, neben Regierungs- und Konsulatsjahr des Kaisers noch das Lebensjahr des Thronfolgers, wenn nicht gar verschiedener Prinzen zu setzen und so blieb es in der nächsten Folgezeit, ohne dass sich eine feste Regel ausgebildet hätte. War der Reichserbe schon Konsul oder Mitkaiser, so wurde bei grosser Datirung auch dies, wie etwaige Patriziatsjahre verzeichnet. Doch hatte man hiermit nur eine unbehülfliche Rechnungsart, weswegen früh die Indiktion daneben oder auch ganz allein angewandt wurde und zwar die indictio graeca, beginnend mit dem ersten September. Die zunehmende Lösung Roms und seines Gebietes vom Byzantinischen Reiche, die wachsende Selbstständigkeit, das Hinüberlenken zu den Franken machte sich allmählich auch in der Datirungszeile der Päpste geltend. Es war Hadrian I., der den entscheidenden Schritt that, in vorsichtig tastender Weise, wie sie der apostolischen Politik entsprach. Er begann nämlich anstatt nach Kaiserjahren nach seinem Pontifikate zu rechnen und an die Stelle des byzantinischen Herrschers den höheren, nämlich Gott und die Dreieinigkeit, zu setzen. Die Unterfertigung seines Actenstückes für St.-Denis bringt demnach: „regnante domino deo et salvatore nostro Jesu Christo cum deo patre omnipotente et spiritu sancto per infinita saecula." In dieser Formel prägt sich Hadrians ganze Waltung aus, nächst Gott erkannte er theoretisch keinen Herrn über sich an und so viel an ihm lag, suchte er auch praktisch sich möglichst selbstständig zu stellen. Hadrians Nachfolger Leo III. sah, dass zwischen der fränkischen und byzantinischen Weltmacht kein Raum für eine römisch-päpstliche Selbstherrlichkeit sei; gleich bei seinem Regierungsantritte gab er sich völlig der fränkischen Hoheit anheim, und dem entspricht denn auch seine Datirung. Neben Gottheit und Pontifikat tritt jetzt das Regierungsjahr Karls des Grossen, des Königs der Franken und Longobarden, des Patricius der Römer, einsetzend beim Jahre der Eroberung Italiens. War die Formel „regnante domino nostro Jesu Christo cum deo patre" neben der der Königsjahre des Arnulfingers schon ziemlich überflüssig, wesswegen sie auch bisweilen wegblieb, so war der fränkische Herrscher doch noch nicht rechtlich Souverän, noch nicht Landesherr von Rom und Gebiet, der Papst durfte sich noch vor ihm nennen. Mit dem Ereignisse am Weihnachtsfeste des Jahres 800 trat die Aenderung ein. Von nun an kommt die Zählung nach Pontifikatsjahren in Wegfall und nur die nach Regierungsjahren bleibt. Officiell war der alte Zustand wieder hergestellt, nur dass an Stelle des morgenländischen der abendländische Kaiser getreten. Wie vor der Hadrianischen Neuerung wurden auch jetzt zu den Kaiserjahren die des Patriciats und Konsulats gefügt, wurde, wie damals, des Thronfolgers gedacht, wenn er zu den entsprechenden Würden gelangt war. Stätig behauptete sich hierneben die Indiktion, welche auch, wie schon früher, allein als Datirungsmittel verwendet wurde.

Der Umschwung, der mit dem Papstthum unter Nikolaus I. vor sich ging, die Vakanzen des Kaiserthrones, sollten sich bald auch in der Kanzlei äussern. Nikolaus' dritter Nachfolger Johann VIII. nahm bei vakantem Kaiserthume die Datirungsart Hadrians wieder auf, er setzte Christus an erste Stelle, an zweite sich und sein Pontifikat, wozu dann noch die Indiktion kam.[1]) Und war das Kaiserthum wieder besetzt, so trat er nicht unumwunden in die Fusstapfen Leos III., einzig die Jahre des Kaisers walten lassend, sondern er brachte daneben noch eine zweite zur Geltung, wo neben den Jahren des Kaisers die des päpstlichen Pontifikates und zwar diese voran standen. Mag sein, dass er sich dabei auf den Kanzleibrauch stützte, der unter Leo üblich gewesen, bevor Karl in Rom gekrönt worden; der Unterschied war nur eben der, dass damals der Name des Papstes einem Könige und Patricius, jetzt einem Kaiser voranging. Es kann nicht befremden, dass das Kaiserjahr unter Johanns schwächeren Nachfolgern wieder zur ausschliess-

---

[1]) Baxmann Politik der Päpste II. S. 47 will in dem „regnante imperatore domino Jesu Christo" das Bewusstsein erkennen, das in Johann VIII. lebte, so oft der Kaiserthron leer war.

lichen Herrschaft gedieh, bis die tiefgreifende Unordnung, welche sich über Italien und die Kaiserwürde ausbreitete, auch die Datirung der päpstlichen Kanzlei ergriff: durcheinander nach Kaiserjahren allein, nach Pontifikatsjahren oder nach Kaiser- und Pontifikatsjahren gerechnet werden konnte. Die Jahrzehnte der kaiserlosen Zeit brachten es immer mehr zur Gewohnheit, die Indiktion nur mit dem Pontifikatsjahre zu verbinden, weswegen es sich auch in seiner bevorzugten Stellung behauptete, als mit Ottos I. drittem Römerzuge eine neue Epoche der Geschichte einsetzte. Im Uebrigen blieb es beim Alten; waren zwei Kaiser da, wie Otto I. und dessen Sohn, so wurden sie auch beide genannt; war die Zeit eine kaiserlose, wie während der Minderjährigkeit Ottos III. und in der ersten Hälfte von Heinrichs II. Regierung, so liess man es mit der Indiktion und dem Pontifikatsjahre, oder mit der blossen Indiktion bewenden; die etwaigen ferneren Würden des Kaisers, z. B. das Patriciat, wurden nicht mehr erwähnt. Doch hat man sich nicht unwandelbar an die Regel gebunden, es konnte sogar vereinzelt vorkommen, dass neben der Indiktion allein nach Kaiserjahren gerechnet wurde; weit häufiger aber ist es, dass man dieselben umging, wofür sich, vor Allem die einfachere und unter einigen Päpsten in den Vordergrund tretende Scriptumzeile verwenden liess. Diese Art des Verfahrens lässt sich zumal unter Konrad II. beobachten, dessen Kaiserthum, wie es scheint, nur ein einzigesmal in einer päpstlichen Bulle aufgeführt worden (J. 3126). Mit dem deutschen Clemens II. trat eine kurze Wandlung zu Gunsten des Kaisers ein; wenngleich es ebenfalls ein Deutscher war, der denselben endgültig aus der päpstlichen Kanzlei beseitigte: Leo IX. Nur noch zweimal sehen wir ihn dort wieder auftreten, einmal unter dem Gegenpapste Clemens III. (Wibert) im Jahre 1086 und das anderemal im Jahre 1111, als Paschalis der Uebermacht Heinrichs V. erlegen (J. 4663, 4664). Von diesen Ausnahmen abgesehen, herrschte seit Leo ausschliesslich Indiktion und Pontifikatsjahr in der Datirung, wozu mit wachsender Regelmässigkeit das Inkarnationsjahr trat. Wie der Papst in der Nominatio mit „episcopus servus servorum dei" eingeführt wird, so findet er sich in der Datumzeile als „papa", in der früheren Zeit auch als „pontifex" bezeichnet, nie als „episcopus".

Gehen wir genauer auf die einzelnen Bestandtheile der Datumzeile ein, so finden wir, dass es im 10. Jahrhundert und in der nächsten Folgezeit zwei verschiedene Arten von Datumzeilen gegeben hat, eine kürzere und eine längere. Die kürzere pflegt zu umfassen: 1) „Datum", 2) Angabe des Tages, 3) „per manus", 4) den Namen des Datirenden, 5) dessen Würdenangabe, 6) die Indiktion oder das Pontifikatsjahr, und zwar möglichst kurz und prägnant; z. B.: „anno y (domini) Leonis sexti papae", oder „pontificatus nostri anno y". Die längere Datirung ist gleich in 1., 2., 3., 4. und 5.; 6) das Regierungsjahr des Papstes in feierlicher Einkleidung, z. B.: „anno deo propitio pontificatus domni Leonis summi pontificis et universalis sexti papae in sacratissima sede beati Petri apostoli y"; 7) das Regierungsjahr des oder der Kaiser, wenn solche vorhanden, ebenfalls gern in feierlicher Gestalt „a deo coronato magno imperatore" u. dergl.; 8) Monat; 9) Indiktion, vereinzelt auch Inkarnationsjahr und Ortsangabe. Nur in ganz seltenen Fällen, wie z. B. in der Urkunde Benedikts VIII. vom Dezember 1013 (J. 3055) zeigt sich die feierliche Datirung nicht durch Datum, sondern durch: „In nomine domini datum" eingeleitet (Or. im Arch. di Stato zu Florenz).

Zu bemerken ist: a) dass die längere und kürzere Datirung wechselnd durch einander geschoben sind, ohne dass sich ein Grund dafür angeben liesse; b) dass bisweilen nur eine Scriptum- und keine Datumzeile steht, wobei alsdann Theile aus der Datumzeile in die Scriptumzeile übergehen können. Als Zeitpunkt, bis zu welchem sich diese Eigenthümlichkeit erstreckt, darf man die Regierungszeit Leos IX. ansetzen. Später kommt sie nur noch vereinzelt vor bis auf Gregor VII. inclus. Es scheint dies auf dem grösseren Werthe zu beruhen, den man der Scriptumzeile noch im 10. Jahrhundert beilegte, entsprungen wohl aus dem Gedanken, dass der Notar und Archivar, der die Urkunde schrieb und wahrscheinlich auch formulirte, verantwortlich sei für das, was er schrieb und formulirte. c) Dass bisweilen umgekehrt nur eine Datum- und keine Scriptumzeile verwendet wurde, welches, wie bereits angegeben, unter Leo IX. das Uebergewicht erhält und mit Honorius II. ausschliesslich herrschend wird; d) dass Scriptum- und Datumzeile als „Scriptum et datum" und dergleichen verbunden werden können.

Unter Leo IX. enthält die gewöhnliche feierliche Datirung 1) „Datum (a)", 2) die Tagesangabe (nach römischem Kalender), 3) „per manus", 4) den Namen des Datirenden, 5) dessen Prädikate, 6) das Pontifikatsjahr, 7) die Indiktion. Hiezu gesellt sich, wenn nöthig, die Nennung des Beamten vice dessen datirt wird, und zwar hinter der des wirklich Datirenden.

Dieses Schema wird allmälich durch zwei Theile erweitert, nämlich durch den Ort der Datirung und das Inkarnationsjahr. Ersterer tritt mit Stephan X. energisch ein und zwar gleich hinter „Datum", zunächst (J. 3316) die Tagesangabe an das Ende der Zeile zwischen Pontifikat und Indiktion drängend, um sie alsdann am alten Platze wieder aufzunehmen, nur dass die Ortsangabe unmittelbar hinter dem Datum, also vor dem Tage stehen blieb. Das Inkarnationsjahr, wie schon früher[1]), so auch unter Stephan X. vereinzelt angewendet (3318), wird mit Nikolaus II. ein regelmässiger Bestandtheil der Datumzeile und zwar hinter dem Tage vor dem „per manus" stehend, so dass jetzt die gewöhnliche Datirung umfasst: 1) „Datum", 2) Ort, 3) Tag, 4) Inkarnationsjahr, 5) „per manus", 6) Name des Datirenden, 7) dessen Titel, 8) Pontifikatsjahr, 9) Indiktion. Die Bezeichnung des Inkarnationsjahres schwankt noch, wir haben da „anno domini Christi y, anno (domini nostri) Jesu Christi y". Am Ende des Jahres 1059 kommt dann „anno ab incarnatione domini nostri y" auf (J. 3347), was sich zunächst behauptet, hie und da mit „ab incarnatione Jesu Christi" oder „domini Jesu" abwechselnd oder auch durch die frühere Formel ersetzt. Am Schlusse von Nikolaus' Pontifikat sehen wir alsdann eine Wandlung eingetreten; die regelmässige Erweiterung mit einer schwankenden vertauscht. Das Inkarnationsjahr ist vom Anfange der Formel mehr an das Ende, jedenfalls hinter den datirenden Beamten gedrängt, die Tagesangabe steht bald vor, bald hinter dem letzteren, die Ortsangabe pflegt zu fehlen, die Bezeichnung durch Incarnatio scheint stehend geworden zu sein[2]). Auch unter Alexander II. ist man vorerst zu keiner Stätigkeit gediehen, man wirft die Theile der Datirung willkürlich durch einander, bald diesen, bald jenen weglassend. Erst im Jahre 1065 ändert man dies wenigstens in sofern, dass man jetzt an den Anfang der Formel setzt: „Datum", Ort, Tag, „per manus", Beamten, Titel. Mit dem Reste wusste man sich noch nicht sicher abzufinden, zunächst liess man gewöhnlich das Inkarnationsjahr weg, nur Pontifikat und Indiktion gebend, dann kam es wieder mehr in Aufnahme und erhielt seine Stellung gewöhnlich zwischen jenen beiden Angaben; es konnte jedoch auch vor das Pontifikat gesetzt werden, was zeitweise sogar überwiegt.

---

[1]) Harttung Dipl. Hist. Forsch. S. 421. — [2]) J. 3367 fehlt die Inkarnation ganz, was nichts besagt, weil das Schriftstück nur als Nachbildung erhalten ist.

Als letzter Theil der Formel steht immer die Indiktion, die nur ganz vereinzelt weggeblieben ist. Gregor VII. hat sich im Ganzen seinem Vorgänger angeschlossen, auch darin, dass er für die Schlusstheile keine feste Regel ausbildete. Bis zum Ende des Jahres 1076 herrscht die Art vor, wo die Inkarnation fehlt, von da an überwiegt diejenige etwas, wo sie gesetzt wird und zwar gewöhnlich zwischen Pontifikat und Indiktion, seltener vor dem ersteren[1]. Für den Gegenpapst Wibert liegt bisher ungenügendes Material vor; so viel man daraus ersieht, herrscht grosse Unordnung; eigen ist ihm, neben der sonst ungebräuchlichen Einleitung durch „Acta" die Erweiterung der Ortsnamen, z. B.: „apud Montem veterem, qui alio nomine Mons belli dicitur" (Acta I. S. 54) oder ähnlich in einer Konzilsbulle: „(Acta sunt haec) Ravennae in plenaria synodo, in matrice ecclesia quae dicitur Agine Anastaseos".

Auch unter Urban II. ist man nicht zur Stätigkeit gediehen; unter ihm tritt das Inkarnationsjahr wieder ziemlich regelmässig auf, während die Indiktion öfters weggelassen wurde, was darauf deutet, dass man sie für weniger wichtig hielt. Ein anderer Hauptunterschied von seinem Vorgänger besteht darin, dass Urban beginnt den Tag vom Orte zu trennen und ihn hinter den Datar zu setzen. Mit dem fünften Regierungsjahre des Papstes, im Laufe des Jahres 1092 wird dies zur Regel. Eine weitere Aenderung ist, dass von vorne herein nicht die Indiktion, sondern das Pontifikatsjahr an das Ende gesetzt zu werden pflegt; vor diesem steht bald die Indiktion, bald die Inkarnation, seit der Mitte des Jahres 1091 wesentlich nur noch die letztere, so dass als durchgebildete Datirung Urbans II. zu gelten hat: 1) „Datum", 2) Ort, 3) „per manum", 4) der Datar, 5) dessen Prädikate, 6) Tag, 7) Indiktion, 8) Inkarnation, 9) Pontifikat. Einzeln hat man sich noch nach 1092 Aenderungen, namentlich auch Weglassungen, erlaubt, sie treten aber nicht sehr hervor. Die Datirung Urbans ist in den Kanzleien der nachfolgenden Päpste aufgenommen. Bei der Tagesangabe steht die Zahl voran, bei den anderen schliesst sie ab, das Inkarnationsjahr wird jetzt mit „Incarnationis dominice anno", gegeben, das Pontifikatjahr mit „Pontificatus autem domni (Paschalis secundi papae y)"; „autem" wird um

---

[1] Die Urkunde für St.-Benigne (J. 3814) mit ihrer abweichenden Formulirung ist unausgiebig, weil sie Original-Nachbildung ist. J. 3920 mit der blossen Jahreszahl am Ende kann so kaum richtig sein.

die Wende des ersten Drittels des 12. Jahrhunderts (unter Innozenz II.) zunehmend regelmässiger durch „vero" verdrängt. Die Ausbildung der Formel, das Festhalten an derselben wird starrer und strenger, ihre Eintragung immer gleichmässiger[1]).

Bemerkt mag noch werden, dass wir vereinzelt, namentlich in Abarten von Bullen, Datirungen begegnen, welche durch nicht eigentliche Datumzusätze erweitert sind, z. B. in J. 3351, wo an die Indiktion mit „quo videlicet die" die Bemerkung angefügt ist, dass zwei Altäre auf Befehl des Papstes geweiht seien.

2ª. Datum et scriptum.

Wie in der Verbindung der beiden Worte, so nimmt diese vereinzelt vorkommende Formel auch thatsächlich eine Zwischenstellung zwischen der eigentlichen Scriptum- und Datumzeile ein, welche darauf hinausläuft, dass der Beamte, welcher die Urkunde konzipirte und schrieb, sie auch beglaubigte. Demnach ist die Stellung die der Beglaubigung, gewöhnlich unterhalb der Unterfertigungszeichen, die Hand welche thätig war, die der Scriptumzeile, d. h. der Regel nach auch die des Conscripts. Einem solchen Falle begegnen wir in von mir eingesehenen Originalen schon 1005, in dem Privilegium Johannes XVIII. für Paderborn, wo „Datum" von der Hand des Hauptkörpers ausgeführt, in gleicher Höhe mit den übrigen

---

[1]) In meinen hist. dipl. Forsch. und später von Kaltenbrunner ist auf die Eintragungen der Datare hingewiesen, da „konnte" nun Löwenfeld noch post festum bei Durchsicht der Pariser Originale „feststellen", dass mit Anastasius IV. der Datar nur den Anfangsbuchstaben seines Namens in den dafür freigelassenen Raum der Datumzeile einzutragen hat. Ist das festgestellt, so braucht man es im einzelnen Falle nicht mehr zu bemerken, wird mir kund gethan (Hüffer, Hist. Jahrb. I S. 119). Ich muss jedoch dagegen erwidern, dass in der päpstl. Diplomatik bisher so gut wie gar nichts festgestellt ist, z. B. bei unserer Eintragung geblieben, erweist sie sich in unzähligen Fällen nur als scheinbar, nicht vom Datar, sondern von einem Bevollmächtigten, oder gar vom Schreiber ausgeführt, wovon allerdings L. nichts weiss. Hätte er die Acta etwas aufmerksamer gelesen (vergl. auch oben S. 47 Anm. 1), so würde er dort im Nachworte I Nr. 158 gefunden haben, dass bereits c. 25 Jahre vor Anastasius durch Aimerich die Nameninitiale öfters nachgetragen, dass dies in einzelnen Fällen, wie in J. 5332 unterblieb, vergessen wurde, wodurch nur . . Imorici auf uns kam. Gerade diese Urkunde befindet sich im Pariser Nat.-Archiv und ist die einzige, auf die L. meines Wissens überhaupt den Leser verweisen konnte.

Zeilenanfängen dicht unter dem Bene valete steht. In Gregor VII. - Baume, vom 1. Januar 1078, sind nicht Datum und Scriptum verbunden, sondern es heisst nur „Scriptum", eine Abweichung, die sich aus dem subsidiären, unfertigen Charakter der ganzen Zeile erklärt. Aeusserlich hat sie alle Rechte der Datumzeile. Unter Urban II. treten uns hieher gehörige Fälle in Originalen für Schaffhausen (Acta I, Nro. 59), für Beuron (J. 4264) und Veroli (J. 4263) entgegen, alle von Laufrank „vice agens" ausgeführt. In ersterer heisst es „Datum" worauf die Orts- und Zeitangaben folgen, an die sich unmittelbar „Scriptum" mit Namen und Prädikaten schliesst: in letzterer ist „Scriptum et datum" zusammengefasst, worauf das Uebrige in der gewöhnlichen Weise der Datumformel folgt, in Veroli haben wir „Scriptum Albani et datum per manum Lanfranci" etc.; in St. Cucuphas (J. 4281), wieder, wie in Gregor-Baume blos „scriptum per manus Gerardi" etc. Urban II. ist der letzte Papst, unter dem sich die Kombinirung und Vermengung jener Formeln findet, die eigentlich ganz verschiedene Thätigkeiten bedingen, dafür aber kommt dann unter Calixt II. eine Art der Datumzeile auf, welche gleichsam an deren Stelle tritt. Es ist die mit vollständiger Orts- und Zeitangabe, aber ohne Nennung des Beamten, vertreten in Robert Etude sur les actes de Calixte II. durch Nr. 107, 115, 116, 208, 330. Davon sah ich im Originale nur die Urkunde für Ste.-Madeleine (Nr. 115), deren Unterfertigung vom Schreiber des Conscripts an dem für die volle Datumzeile üblichen Orte eingetragen ist, mit Anlehnung an die Art der Grisogo-Hugo-Zeile, derjenigen, welche in der Regel den Abschluss von Calixts Privilegien bildet.

Ganz vereinzelt kommen Urkunden vor, auf denen jede Datumangabe fehlt. Auf Drucke kann man sich natürlich nicht verlassen, doch fand ich in Victor II. - Monte Cassino, Alexander II. - St.-Denis de Reims, und Calixt II. - Elsa Originale, wo es der Fall war. Solche Schriftstücke gehören alsdann zu den unfertigen, wie sie in verschiedenen Variationen hie und da aus der päpstlichen Kanzlei hervorgegangen sind.

3. Unterfertigungszeichen.

In der zweiten Hälfte des zehnten Jahrhunderts fing man an, nicht alle Buchstaben des bis dahin üblichen Bene valete neben einander, sondern einzelne in einander zu setzen, eine Art der Gestaltung, die durch Leo IX. in der Weise weiter gebildet ist, dass die Buchstaben vollständig zum Monogramme verschränkt wurden, dass das davorstehende Kreuz zur Rota, die dahinter stehende Interpunktion zum Komma wurde. Leo hat diese Aenderung sicherlich mit Rücksicht auf die Kaiser- oder lothringischen Privaturkunden vorgenommen, wo der Name des Urkundenden monogrammisirt war. Da die päpstliche Unterfertigung keinen Namen bot, rechnete man mit dem Vorhandenen. Die genannten drei Theile, nunmehr als selbstständige Zeichen gebildet, vertheilte man neben einander zwischen Hauptkörper und Datirung in der Weise, dass die Rota der linken Hälfte der Urkunde überwiesen wurde, das Monogramm an der Stelle stehen blieb, die früher gewöhnlich sein Vorgänger, das Bene valete, eingenommen hatte, also zu Anfang der rechten Hälfte, wohinter dann naturgemäss das Komma zu stehen kam.

a) Bene valete.

Unterhalb des Hauptkörpers gewöhnlich zwischen Scriptum- und Datumzeile pflegt bis auf Leo IX. der Gruss, die „Salutatio" zu stehen, kann jedoch auch neben Scriptum oder Datumzeile angebracht werden. Sie enthält die beiden Worte bene und valete bald neben, bald unter einander, ausgeführt in Majuskeln. Gewöhnlich durch ein Kreuz, seltener durch ein Chi-rho-Zeichen oder auch durch nichts eingeleitet; abgeschlossen durch ein Kreuz, einen grossen Punkt, verschnörkeltes Interpunktionszeichen, wozu noch ss, durch einen Strich verbunden (subscripsi), treten kann. In der Grussformel haben wir die päpstliche Beglaubigung zu sehen.

b) Rota.

Die Rota ist, ihrer Entstehung gemäss, ein weiter gebildetes Kreuz. Um dieses legte man zwei konzentrische Kreise, die dadurch gewonnenen Räume füllte man mit Worten und Sätzen. Noch bis in die Kanzlei Calixts II., ja in einzelnen Ausläufern noch später, sehen wir den ursprünglichen Haupttheil des Zeichens, das innen stehende Kreuz, durch Dicke oder Verzierungen hervorgehoben, wenn es auch an Wichtigkeit gegen den Ring mit seinen Theilen zurückgetreten ist. Was früher im Bene valete oder nur in dem Kreuze vor Bene valete lag, die päpstliche Beglaubigung, überwies man ganz oder theilweise der Rota; anfangs zwischen der Inschrift und Umschrift schwankend, entschied man sich in der zweiten Hälfte des 11. Jahrhunderts für letztere und das damit verbundene Ringkreuz, bis namentlich mit Eugen III. die Umschrift an Werth so verlor, dass sie bisweilen wegblieb, wodurch das Ringkreuz im Werthe stieg. Dieses, die päpstliche Beglaubigung, machte die Rota zu einem der wichtigsten Bestandtheile der Urkunde, weswegen sie auf Prunkbullen auch niemals fehlt.

c) Monogramm.

Das Monogramm enthält sämmtliche Buchstaben des früheren Bene valete mit dem N als Grundbuchstaben. In der Höhe pflegt es der Rota zu entsprechen, als deren Gegenstück es zu betrachten. Dieser Umstand, die Symmetrie und die historische Entstehung haben das Zeichen auf den Urkunden erhalten, obwohl es ohne eigentliche diplomatische Bedeutung war, weswegen es auch öfters wegblieb, namentlich unter Alexander II. und Gregor VII. Die Kanzlei der einzelnen Päpste begann schon im Laufe des 11. Jahrhunderts ein Monogramm von gewisser Eigenart zu haben, welches man mehr oder weniger innehielt. Daneben trat hervor, dass einzelne Schreiber des Conscripts, durchweg zugleich Aufertiger von Rotengerippe, Komma und Monogramm, für sich in Bezug auf letzteres ein gewisses Zeichnungsschema ausbildeten, was mit Urban II. dahin gedieh, dass nicht jeder Papst, sondern jeder Schreiber ein eigenes Monogramm führte, welches er mit geringen Aenderungen unter verschiedenen Päpsten beibehielt. Die zunehmende Zahl von Kanzleibeamten und geringeres Festhalten an der einmal gewählten Form lässt seit Innocenz II. die betreffende Eigenart mehr zurücktreten.

d) Komma.

Unter verschiedenen Päpsten selbst bei verschiedenen Schreibern von ungleicher Gestalt, die im Einzelnen nicht immer inne gehalten wurde, ist das Komma blos aus seiner historischen Entstehung zu erklären und nur kraft dieser angewendet worden. Diplomatisch ohne Werth, symmetrisch störend, kam es schnell in Abnahme, wesshalb schon Leo IX. es in einzelnen Fällen wegliess, bis es mit Urban II. (Victor III.?) ganz verschwunden ist. — Kurz zusammengefasst: es können von Unterfertigungszeichen seit Leo IX bis auf Urban II. exclus. auf Privilegien angewendet werden: 1) Rota, Monogramm und Komma, 2) Rota und Monogramm, 3) nur die Rota. Am regelmässigsten im Verwenden aller Theile erweisen sich die Kanzleien von Victor II und Stefan IX.

4. Unterschrift des Papstes.

Der Raum zwischen Rota und Monogramm, der mit Wegfall des Kommas sich wesentlich vergrösserte, lud ein, ihn durch irgend etwas auszufüllen; zunehmend häufiger führte man in anderen Kanzleien Zeugenunterschriften ein, die kaiserlichen Urkunden nannten beim Monogramme den Namen des Herrschers. Diese Umstände und vielleicht auch die Absicht, eine Fälschung noch mehr zu erschweren, mögen zusammengewirkt haben, die päpstliche Unterschrift in den Bullen aufzunehmen. Allmählich kommt sie vereinzelt vor, namentlich auf Nebenarten der grossen Bullen, in ihrer Formulirung aber noch ganz unsicher, erst unter Urban II. finden wir durchweg: „Ego Urbanus catholice ecclesie episcopus".[1]) Doch auch jetzt noch ist das Anwenden der Unterschrift gänzlich Ausnahmefall, das Weglassen die Regel. Paschalis II. Pontifikat hat hier die Wendung bewirkt. Zwar in den frühesten Urkunden desselben schloss er sich noch dem Brauche des Vorgängers an, aber schon mit dem März 1100 begann die Anwendung der Unterschrift, zunächst in der Formulirung „Ego Paschalis episcopus catholice ecclesie" (oder ecclesie catholice),[2]) dann gewöhnlich „Ego Paschalis catholice ecclesie episcopus ss", welches nach geringen Schwankungen zu Gunsten von „sancte catholice ecclesie, sancte ecclesie catholice" und der älteren Voraussetzung des „episcopus" zur unbedingten Herrschaft kommt und diese durch das ganze Jahrhundert behauptet.

Officiell schreibt der Papst selber die Unterschrift, thatsächlich hat er sie von vornherein durch Bevollmächtigte ausführen lassen, deren Thätigkeit sich jetzt auf die Umschrift, die päpstliche Sentenz, mit dem Ringkreuze und die Unterschrift erstreckte. Dass dem so sei, zeigt die gleiche Hand und Dinte dieser drei Theile, dann z. B. die Unterfertigung der unfeierlichen Bullen Innocenz II., auf denen es heisst: „+ Ego Innocentius catholice ecclesie episcopus ss. Signum manus mee: Adiuva nos deus salutaris noster," letzteres ist der Wahlspruch der Umschrift, womit die Unterzeichnungsart

---

[1]) J. 4043, 4081, 4159, 4247, 4276, doch bedürfen diese Urkunden noch mehr oder weniger genauer Untersuchung. In den zahlreichen von mir eingesehenen Privilegien-Originalen dieses Papstes fand ich die Unterschrift nie. Dass gerade die spätere Formulirung auftritt, spricht gegen sie.

[2]) Acta Pont. 1 Nr. 77 hat „apostolice ecclesio", doch sind die Texte des Chartulars von Montier-en-Der nicht sehr zuverlässig.

von Gelasius II. verglichen werden mag. Dass der Papst nicht, oder doch in der Regel nicht, selber bei der Unterschrift thätig war, wird dadurch bewiesen, dass dieselbe schon unter Paschalis ganz abweichende Hände zeigt (vergl. z. B. Acta I Nr. 100, 101), dass Gelasius' Unterschrift als Papst grundverschiedenen Ductus von der Johannes-Datirungszeile aufweist, obwohl beide von der gleichen Person ausgefuhrt sein sollten. Im Verlauf des 12. Jahrhunderts traten verschiedene Wandlungen in der äusseren Eintragung ein, bis schliesslich die Unterschrift einfach vom Schreiber des Hauptkörpers gemacht wurde, während nur das einleitende E und das Ringkreuz noch vom Bevollmächtigten herzurühren pflegen.

5. Zeugenunterschriften.

Während in der früheren Zeit auf eigentlichen Privilegien gar keine Zeugenlisten vorkommen, zeigen sie sich dort auch noch bis gegen Ende des 11. Jahrhunderts sehr selten und verdanken durchweg besonderen Umständen ihre Anwendung. Es sind zunächst durchaus noch Synodal- und Judikatsbullen, welche als unterzeugte Schriftstücke in den Vordergrund treten und hier verharren, bis allmählich beide Arten in der grossen Bulle aufgehen. Erst mit Paschalis II. erlangen die unterzeugten Privilegien anfangs zeitweise, dann ausschliesslich die Oberhand.

In der älteren Zeit lässt sich nicht wohl ein Unterschied zwischen Zeugen von Privilegien und anderen Bullen machen, die zufällige Anwesenheit war entscheidend, wobei sich von selber ergab, dass die Listen der Synodalbullen länger als die der Privilegien ausfielen und dort bisweilen auf die Synode bezügliche Dinge eingereiht wurden, für welche sich hier kein Anlass bot. Zwar als Privilegium hat zu gelten das nicht eigentlich hieher gehörige und an sich nicht zuverlässige Schriftstück Johannes' XVIII. für Pisa, wo es nach einer kurzen Comminatio heisst: „Constitutum et peractum est hoc praeceptum a nobis in persona canonicorum S. Mariae, qui sunt": folgen 22 Namen mit Prädikaten und darauf: „Ut autem verius credatur . . . nostram papalem bullam subter imponi iussimus", folgt die Unterschrift des Papstes und die Datumzeile. Besser steht es mit der Urkunde Sergius' IV. für St. Michaelis bei Nonantula (J. 3032), erhalten in einer Copie des 12. Jahrh., im Arch. v. Nonantula, unterhalb (!) der Datumzeile finden sich da eingezeichnet: ein Abt, ein Prior und vier Mönche. Rechnen wir hieher auch die noch einer Untersuchung bedürftige Urkunde für Montmajeur (J. 3038), so haben wir Zeugen vor der Datirung, den Papst an der Spitze der Liste stehend, gefolgt von vier Bischöfen. In Benedikt VIII. — Besula (J. 3065) stehen zwischen Scriptum und Datum sechs Bischöfe. Diese überwiegen also im Ganzen, es können aber auch lauter Geistliche niedrigen Ranges stehen, wie in St. Michaelis, wenn sie dort nicht irgendwie nachgetragen sind. Ein geschlossener Kreis existirt nicht. So bleibt es unter Johann XIX. und Benedikt IX., von denen wir je ein mit Zeugen versehenes Privilegium für Silvae Candidae haben. Das Johanns (J. 3099) hat der grösste Theil von Mitgliedern einer römischen Synode unterfertigt, von der wir drei Tage früher vernehmen; der römischen Synode entsprechen auch die Namen, welche der römischen Provinz angehören, es sind die von fünf Bischöfen, der von Velletri voran, und die von fünfzehn Geistlichen niederer Grade, von Presbytern, Diakonen, Subdiakonen, einem Archidiakonen, einem Abte; theilweise sind es Kardinäle, theilweise nicht. Bei dem Privilegium Benedikts (J. 3125) mag der gleiche Umstand für die Zeugen massgebend gewesen sein, oder es wurden diejenigen aufgenommen, die zufällig bei der Kurie anwesend waren, ein Bischof, zwei designirte Bischöfe und vier andere Geistliche, unter ihnen ein Oblationarius.

Die nächsten Pontifikate bringen entweder keine unterzeugten Schriftstücke oder nur solche, welche sich ausserhalb der hierhergehörigen Privilegien halten. Erst mit Viktor II. gewinnen wir wieder Material und zwar zwei Stücke (J. 3311, 3312). Das eine, mit ziemlicher Gewissheit in Rom ausgestellt, bringt dem entsprechend auch lauter römische Geistliche: drei Bischöfe, zwei Archidiakonen und den Kardinal S. Grisogonis. Das andere, vielleicht in Süd-Italien gefertigt, weist den Bischof von Silve Candide auf und den Subdiakonen Hildebrand, der auf der vorigen Bulle Archidiakonus genannt war. Wesentlich reicher gestaltet sich die Zeugenliste unter Nikolaus II. (J. 3343, 3354, 3355), unter dem Synodal- bezw. Konsekrationsbullen und Privilegien im Kreise der Zeugenliste auf gleicher Stufe stehen. Da haben wir neben dem Papste Kardinäle und Nichtkardinäle, erstere als Bischöfe, Presbyter und Archidiakonen, letztere als Bischöfe, Archipresbyter und Notar. Im Ganzen überwiegen die Bischöfe, von den Nichtkardinälen treten hervor der von Arezzo, Turin, Lucca, Rosella und Castro.

Mit Alexander II. machen sich die Wirkungen des Wahldekrets Nikolaus II. geltend, welches den Kardinälen eine so erhöhte Wichtigkeit gab; der Kreis der Unterzeichnenden wird mehr auf das Kardinalskollegium beschränkt, zunächst noch mit starkem Hervortreten der Bischöfe; doch haben wir auch jetzt noch einen Erzbischof von Otranto und einen Bischof von Terracina (J. 3429 verwendbar?). Im Ganzen sind die Zeugen auf Alexanders Bullen selten. Unter Gregor VII., der überhaupt deren Feierlichkeit beschränkte, kommen sie ganz in Wegfall und ebenso unter dem Gegenpapste Clemens III. (Wibert). Auch von Urban II. haben wir nur ganz vereinzelte Privilegienbullen mit Zeugen[1]), die hervorragendste, die für La Cava (J. 4081), ist leider Nachbildung und Fälschung. Ziehen wir das Privilegium für die Eremiten Bruno und Lanuin (J. 4276) heran, so treten uns Bischöfe, Kardinäle und ein „capellanus et sacerdos" entgegen. Durch Aebte wird die Reihe vermehrt, wenn wir uns die allerdings etwas ausserhalb der Reihe stehende Zeugenliste von St.-Gilles ansehen (J. 4147). Jedenfalls sind auf eigentlichen Privilegien neben Kardinälen noch Nichtkardinäle zulässig, doch diese womöglich innerhalb des bischöflichen Ordo, nur, dass die vielen Reisen des Papstes, sein häufiges Abhalten von Synoden, seine Schlichtungen von Streitsachen und dadurch nöthig werdende eigenartige, gesondert zu betrachtende Urkunden, eine augenscheinliche Unsicherheit erzeugen. Hiemit hängt zusammen, dass die Ordnung innerhalb der Liste gleichfalls nur mangelhaft ist: einmal stehen die Kardinäle, selbst die Diakonen zu oberst, untermischt mit einigen Nicht-Kardinalbischöfen, dann folgen erst die eigentliche Masse der Erzbischöfe und Bischöfe und schliesslich einige Aebte (J. 4147, ein ähnliches Verhältniss 4276) etc. Eine bei weitem wichtigere Rolle als alle bisher genannten Päpste hat Paschalis II. den Signaturen überwiesen. In der ersten Zeit seines Pontifikats zeigt sich die überwiegende Zahl seiner Bullen mit Zeugen versehen und, wenn diese allmählich auch etwas mehr zurücktreten, so hören sie doch nie ganz auf. Mit der stärkeren Aufnahme der Zeugen, mit ihrem Vordrängen auf Privilegienbullen, hängt zusammen, dass der Kreis geregelt wird und zwar in der Weise, dass ausser Kardinälen nur noch Bischöfe unterzeichnen

---

[1]) J. 4037 und 4207 sind unzuverlässig, auch 4276 bedarf noch der Untersuchung, in wiefern es in Einzelheiten verwendbar.

dürfen¹); als solche kommen vor der von Siponto, Messina, Benevent, Syrakus, Terracina (J. 4369, 4703), der von Malta (4703) und der ausseritalienische von Salona (Spalatro J. 4410), also für die vielen Urkunden nur wenige. Unter den Kardinälen treten die Bischöfe stark in den Vordergrund, eine sichere Rangordnung wird erstrebt, ist aber noch nicht durchgeführt. Diese nimmt mit Gelasius wesentlich zu: wie die Zeugenlisten überhaupt, so werden auch die Kardinalpresbyter und Diakonen in denselben verhältnissmässig häufiger, von anderen Personen kommt nur noch „Amicus subdiaconus cardinalis et abbas S. Laurentii foris muros" vor. Mit Gelasius' Nachfolger Calixt II. können wir den Kreis der Kardinäle, aus Bischöfen, Presbytern und Diakonen bestehend, für die Privilegienbullen als geschlossen ansehen. Unterzeichnungen weiterer Personen, die allerdings wiederholt auftreten, gehören anderen Bullenarten an. Die schon vorher begonnene Entwicklung in den Zahlenverhältnissen setzt sich fort, die Bischöfe treten jetzt an Zahl vor den beiden niederen Ordines zurück. Dies erhält unter Honorius II. wesentliche Erweiterung, die Zeugenlisten werden häufiger und länger, der Kreis für die Privilegien ist mit den Kardinaldiakonen abgeschlossen, nur in dem für Camaldoli (J. 5199) sehen wir einen Bischof von Arezzo und zwei Subdiakonen sacrae basilicae eingetragen; doch ist diese Urk. nur als sehr bedenkliche Original-Nachbildung erhalten (Arch. di Stato, Florenz). Mit Innocenz II. wird die Zeugenliste auf Bullen zur Regel, das Fehlen derselben zu Anfang noch häufiger, unter Cölestin II. und Lucius II. äusserst selten, unter Eugen III. wieder zur etwas öfter vorkommenden, dann zur so gut wie ausgeschlossenen Ausnahme. Zunächst hat das weite Vorschieben der Zeugenliste, welches parallel läuft mit dem völligen Aufgehen des Judikats in die Privilegienbulle, eine etwas zerrüttende Einwirkung auf den bisherigen Gang der Dinge, der auf Ausschluss aller Nichtkardinäle, Abschluss beim Diakonen und gleichartige Formulirung der Unterschrift hinausläuft. Anfangs finden wir²) ziemlich häufig fremde Nichtkardinalbischöfe unterzeichnen, zumal italienische, vereinzelt auch einen nicht italienischen³), wie den Bischof Ulger von

---

¹) Anders auf Judikaten. — ²) Auf offenbare Druck- und Lesefehler, wie in Gall. Christ. XIII. p. 19, wo Konrad und Sabina zugleich als Karl. Diakon Cosmae et Damiani aufgeführt wird, oder wenn wir Thuringia sacra p. 305 „ss⁻ mit „manu propria" aufgelöst finden, können wir uns nicht einlassen. ³) J. 5448, 5452, 5173, 5174, 5533, 5535, 5542, 5635, 5736, 5739, 5777.

Angers (J. 5533, 5535); letzterer unterzeichnet auch als „dictus episcopus". Sonst stehen neben Kardinalpresbytern der Regel nach nur Kardinaldiakonen, wohin auch der häufig vorkommende Guido sacerdos gehört, er ist ein Presbyter (J. 5472). Dagegen sind auf einer Bulle vom 1. Mai 1138 die letzten acht Zeugen nur Subdiakonen „sacri palatii", unter ihnen ein „prior subdiaconorum", ein „prior scolae crucis" und Johannes Paparo als „R. E. subdiaconus".

Innocenz II. ist der letzte Papst, unter dem das Signaturwesen eine gewisse Lockerheit zeigt, mit seinen Nachfolgern tritt absolute Ordnung ein in der Ausscheidung aller ausserhalb des Kardinalkollegiums oder unter dem Diakonen stehenden Elemente. Auch die Art der Eintragung, welche bis dahin namentlich in Bezug auf Bischöfe und Presbyter noch unsicher war, wird während Innocenzens Pontifikat geregelt: unter der päpstlichen Unterschrift stehen die der Bischöfe, links von diesen die der Presbyter, rechts die der Diakonen; ein Kardinalpresbyter, der zugleich Ausserkardinal-Bischof ist, unterzeichnet in der Presbyter-, nicht in der Bischofsreihe, ein zum Kardinalbischof Erwählter (electus) dagegen schon in dieser. Die Reihenfolge ist die der Altersstufe im Amte, die des Weihealters: die neu zu Kardinälen Erhobenen werden zu unterst in ihrer betreffenden Reihe eingetragen; wird der dem Dienstalter nach älteste Diakon, der als solcher in der Diakonenreihe obenan steht, Presbyter, so unterzeichnet er als letzter u. s. w.

Wie der Kreis der Unterschriften, so entwickelte sich auch erst allmählich die Formulirung derselben, zunächst in den verschiedenen Bullenarten parallel ohne Unterschiede, nur dass bei Synodalien und Judikaten bisweilen Zusätze für nöthig befunden wurden, die bei gewöhnlichen Privilegien, der ganzen Natur der Sache nach, nicht wohl angebracht werden konnten. In der Urkunde Sergius IV. für St. Michaelis (J. 3032) schreibt der Abt: „Rodulfus abbas iussione apostolicae sedis in hoc decreto manu propria subscripsi", die Uebrigen sagen: „manu mea subscripsi", mit Ausnahme des letzten Mönches, der nur „subscripsi" hat. In J. 3038 finden wir den Papst mit „Sergius sanctae catholicae et apostolicae ecclesiae praesul", die Bischöfe einfach mit Namen und Prädikat ohne „ego" und „subscripsi", was jedoch vielleicht nicht ursprünglich ist. In Benedikt VIII. - Besulu (J. 3065) zeichnet der erste Zeuge: „Petrus ecclesiae Sutrinae episcopus in omnibus consensit et subscripsit"; die übrigen könnten, wie schon die in der vorigen Urkunde, nur mangelhaft überliefert sein, sie haben einfach Namen und Prädikat, oder dieses durch „ego" oder „subscripsit" erweitert. In Johann XIX. — Silvae Candidae (J. 3099) fehlen „ego" und „subscripsi" ganz, es pflegt nur der Name mit dem Prädikate zu stehen, letzteres oft bis auf ein einziges Wort verkürzt, wie etwa „diaconus, subdiaconus", bei den Kardinälen ist bald nur „cardinalis", bald nur „presbyter" mit der Kirche angegeben, eine Signatur lautet: „Rodulfus indignus presbyter et abbas ex monasterio sancti Laurentii, qui ponitur in Clusura", einmal haben wir „domini gratia diaconus". Ziemlich die gleiche Sachlage tritt unter Benedikt IX. hervor (J. 3125). „subscripsi" fehlt, „ego" wird bisweilen angewendet. Bonizo unterzeichnet als: „Bonizo presbyter et vicedominus sancte Rufine et designatus gratia dei episcopus Tuscanensis". Im Ganzen überwiegen offenbar in dieser Zeit noch die Unterschriften mit fehlendem „ego".

Von den Urkunden Leos IX. haben wir abzusehen, weil sie nicht in den Kreis der Privilegien gehören, bemerken jedoch, dass hier neben sehr umständlichen Signaturen die einfache aus „ego", Namen, Prädikat und „subscripsi" bestehende als die gewöhnliche hervortritt. Unter Viktor II. scheint die Formel „dictus" und sonstige Umständlichkeit beliebt gewesen zu sein. Auf der Urkunde für St.-Bertin (J. 3311) heisst es: „Ego Benedictus sanctae Bellitrensis ecclesiae dictus episcopus cognovi et propria manu subscripsi", ähnlich unterzeichnen hier die Archidiakonen; Humbert signirt in der Urk. für Monte Cassino (J. 3312) „Humbertus dictus card. episcopus S. ecclesie Silve Candide cognitum relegit et subscripsit". Hildebrand fügt hier seinen Prädikaten noch „dando, consensit et subscripsit" bei. Unter Nikolaus II. sind die Unterschriften wieder einfacher, doch haben wir auch noch (J. 3343 verwendbar? 3354, 3355) „dictus sancte ecclesie Silve Candide episcopus consensi et ss. vocatus monachus et presbyter tit. S. Grisogoni ss. dei misericordia Lucensis episcopus cognovi", ferner „dei nutu, dei gratia", selbst „huius concessionis notarius cognovi et ss". Hildebrand nennt sich „qualiscunque archidiaconus S. R. E." Peter von Ostia entweder „episcopus" oder „monachus et episcopus", einmal lesen wir „praesul" statt „episcopus." Im Ganzen überwiegt jedoch trotz dieser Mannigfaltigkeit die einfache Signatur, deren Schema bereits oben gegeben, was noch mehr hervortritt, wenn wir die Konsekrationsbullen heranziehen. Peter von Ostia pflegt nur als „peccator monachus" zu unterzeichnen, daneben begegnen wir einem „apostolicae

sedis servus de titulo S. Chrysogoni presbyter ss", einmal „ex titulo",
vereinzelt „interfui et subscripsi". Der Papst schreibt einmal „ego
Nicolaus servus servorum dei huic privilegii paginae subscripsi."
Unter Alexander II. haben die Zusätze noch mehr abgenommen.[1])
In der Urk. für Monte Cassino (J. 3424) findet sich Petrus als „peccator Ostiensis episcopus", Hildebrand als „qualicunque archidiaconus",
der Kardinal Stephan als „vocatus cardinalis", Johann als „qui et
minutus cardinalis de titulo S. Mariae Transtiberim". Auf einer
Synodalbulle (J. 3429) tritt zweimal die Erweiterung auf: „me adfuisse testificans subscripsi". Auf der Urk. für Châlons-sur-Saône,
die aber ungenügend überliefert ist und noch näherer Untersuchung
bedarf, auch in der Narratio schon zu den Synodalbullen neigt,
treffen wir neben „relegi" eine höchst umständliche Signatur, die
ganz an die einzelner Synodalbullen Leos IX. oder noch früherer
Zeit erinnert, sie lautet: „Ego G. dei gratia Ostiensis espiscopus
et S. R. E. legatus rogatu domni Roeleni Cabilonensis episcopi legi,
laudavi et subscripsi." Der Mangel von Zeugenlisten unter Gregor VII.,
das entschiedener werdende Auseinandergehen von Privilegien- und
Synodalzeugen unter Urban II. bewirkt, dass die Formulirung ersterer
unter diesem Papste die einfache zu sein pflegt, die Kardinalpresbyter
und Diakonen geben sogar nicht einmal immer ihre Kirchen an. Diese
pflegen unter Paschalis genannt zu sein, nicht selten jedoch der
nähere Zusatz zum „cardinalis (presbyter, diaconus)" zu fehlen. In
der früheren Zeit des Pontifikats sehen wir einmal „Ego Odrosius
cardinalis et abbas ss" (J. 4371), ein andermal den Bischof von
Albano blos als „Ego Galterius indignus espiscopus ss" (Acta Pont. I.
S. 70) unterzeichnet, dann wieder setzen letzterer und seine Mitzeugen zum „indignus" je ihre Kirche (J. 4361), auch kommt jetzt
noch hie und da „gratia dei", oder „huic privilegio subscripsi" (J. 4369),
oder „legi et ss" (J. 4703), oder „interfui et ss" (S. Giovanni in
Laterano) als Zusatz vor, oder „de titulo" statt des üblichen
„tituli". Der Kardinalpresbyter Alberich unterzeichnet am 14. April
1100: „Ego Albericus dei gratia humilis presbyter tit. apostolorum
ad Vincula roborando subscripsi." Die Zeugenunterschriften während
des kurzen Pontifikats Gelasius II. pflegen einfach zu sein: „Ego",

---

[1]) Die zahlreichen Zeugen des Doublet'schen Druckes von J. 3400 sind
unverwendbar, da das Original keine Zeugen bringt, auch mit J. 3402 ist nichts
zu machen, 3424 hat mir in Monte Cassino nicht im Or. vorgelegen.

Name, Prädikat, ss, daneben haben wir vereinzelt zum Namen nur den Zusatz „cardinalis" (J. 4909). Dann auf der Urkunde für St. Sophie von Benevent (J. 4892) eine umständliche Formulirung mit „consensi, nec non et propria mea manu subscripsi", die sich jedoch wenig ausgiebig erweist, weil das betreffende Schriftstück stark überarbeitet ist. Unter Calixt II. treten die Judikate sehr hervor, die sich mit den Privilegien so eng berühren, dass sich wieder wie früher eine bestimmte Grenzlinie kaum durchführen lässt. Erstere sind in ihren Zeugenlisten im Ganzen manualgfacher als diese, auf denen die schon unter den letzten Päpsten gewöhnlich gewordene Signirung fast ausschliesslich üblich wird. Nur in einzelnen Fällen sehen wir sie von der der Judikate beeinflusst, wie in J. 5141, wo sich neben dem ss bezw. „subscripsi" einigemale „interfui" oder „consensi" findet, wie in der Urk. für S. Giovanni[1]) (vergl. Kaltenb. 5042ª, Zeugen nur in der Lateranabschrift) „interfui et ss, subscripsi et interfui". Auch unter Honorius II. kommt dies noch vereinzelt vor (J. 5201, 5243, S. Giovanni). Mangelhafte Titel und Namen im J. 5213 und 5225 beruhen wesentlich wohl auf ungenügendem Abdrucke. Die Beifügung von „cognovi" oder dergleichen hat jetzt aufgehört, es findet sich nur noch ss, vereinzelt ausgeschrieben in „subscripsi". Dagegen sehen wir die übrige Formulirung unter Innocenz II. noch keineswegs ganz feststehend. Der Bischof Ulger von Angers unterzeichnet als „dictus episcopus" (J. 5533, 5535), wogegen der Zusatz „cardinalis" zu „episcopus" auf eine verdächtige Bulle zurückgeht (J. 5346). Anders mit einem häufig vorkommenden Zeugen „Guido", der sich (S. R. E.) „indignus sacerdos" statt „presbyter" zu nennen pflegt. „Presbyter cardinalis" ohne Angabe des titulus ist selten, kommt aber auf Originalen vor, einmal haben wir Boethius als „S. R. E. minimus presbyter" statt als „presbyter cardinalis tit. S. Clementis" (J. 5920). Anders verhält es sich mit den Diakonen, sie unterzeichnen überhaupt nur

---

[1]) Wie es auch sehr oft vorkommt, hat Kaltenbrunner diese Urk. übersehen, obgleich sie geradezu vor ihm gelegen hat; vergl. Pabsturk. S. 17. Sie steht Cod. Vat. 8034 fol. 16, während er fol. 18 citirt. Nur noch ein Fall, wie weit K's. Flüchtigkeit in diesen Dingen geht, S. 8 führt er aus dem Cart. del Cap. di S. Pietro von Bologna 7 Nummern an, von f. 12—20, es stehen aber darin von f. 5—51 ihrer 16. Und das nicht genug, Nr. 5292 steht nicht f. 12, sondern 10, 9852ª nicht f. 16, sondern 8, 9691ª nicht f. 15, sondern 27 und mit abweichendem Datum, 27. Aug.

als „S. R. E. diaconi cardinales", sobald sie noch keiner bestimmten Kardinalkirche angehören. Zusätze zu den Titeln sind ungebräuchlich, neben dem bereits genannten „indignus" und „minimus" tritt uns nur zweimal auf Urkunden des gleichen Klosters, wovon wenigstens die eine verdächtig ist, der Zusatz „frater" in der Unterschrift entgegen (J. 5346, 5581). Auch noch Innocenz's Nachfolger Cölestin II., Lucius II. und Eugen III. gewähren kleine Freiheiten in der Signirung, wir haben jetzt häufig einen „Ego Guido in Romana ecclesia altaris minister indignus ss", der in der Diakonenreihe steht, einigemale einen „Gregorius S. R. E. indignus diaconus", oder einen „Gillibertus indignus sacerdos tit. S. Marci", der vorher „S. R. E. presbyter card. tit. Marci" zu unterzeichnen pflegte. Auch beim Presbyter „Hugo tit. S. Laurentii" findet sich der Zusatz „S. R. E." oder „prbr. R. E. tit. S. Laurentii" und ganz vereinzelt beim Diakonen Odo von S. Georgii (J. 6424), bei Stephan von Praeneste „dictus episcopus" (Acta I p. 173), beim Presbyter Hugo „tit. S. Laurentii" fehlt der Zusatz „cardinalis" (Acta I p. 174). Konrad von Sabina hat „et vicarius domni pape Eugenii" (ungedr. Urk. vergl. Kaltenb. 6668[a]). Auf einer zweifelhaften Urkunde „Gilbertus indignus sacerdos S. R. E." (J. Spr. CCCCXII). Vereinzelt wurde statt „tit." (tituli) „de titulo" gezeichnet. Doch diese Abweichungen sind gering und hören unter Eugen III. allmählich auf, so dass von jetzt an so gut wie ausschliesslich die starre Formel herrscht, bestehend aus: „Ego, dem Namen, Prädikate, ss, bei den Bischöfen nur „episcopus" mit dem Ortsnamen, bei den niederen Ordines „presbiter" oder „diaconus" mit dem Zusatze „cardinalis", bei ersterem mit „tit(uli)", bei letzterem ohne denselben. In der Reihenfolge herrscht bezüglich der Prädikate und der Ortsangabe keine feststehende Ordnung, am häufigsten steht die Titulatur voran. Vor dem „ego" wird ein Kreuz gesetzt, dem jeder Kardinal mehr oder weniger ihm eigene charakteristische Abzeichen verleiht.

6. Noten.

In der älteren Kanzlei sind bisweilen tironische Noten angewendet worden, sie pflegen zu stehen: unter dem Hauptkörper im zweiten Kreuze des bene valete, oder auch neben bene valete. Das letzte Beispiel, welches ich fand, war die Bulle Silvesters II. für Puy (vergl. Bibl. de l'école des Chartes XXXVII. Tafel).

Conscript.

Die Formeln, aus denen das Conscript in der durchgebildeten Kanzlei besteht, pflegen zu sein:

1) Arenga, eine meistens allgemein gehaltene Einleitung.

2) Narratio, worin die Vorgänge aufgezählt werden, welche der Ausstellung der Urkunde vorangingen, welche auf sie eingewirkt, sie bewirkt haben; gerne eingeleitet durch: „Eapropter, Ideirco, Quam ob rem, Proinde" oder dergl., und geschlossen mit: „annuimus admittentes, concurrentes, inclinati" etc.

3) Dispositio, welche die einzelnen Verfügungen umfasst, sie schliesst sich gewöhnlich unmittelbar, noch im gleichen Satze an die Narratio mit „et" oder ohne solches an. Bisweilen beginnt sie auch einen neuen Satz mit „Statuimus enim" u. dergl.

4) Corroboratio, die möglichst allgemein gehaltene Bekräftigung, eingeleitet durch: „Decernimus ergo".

5) Comminatio, die Bedrohung des Zuwiderhandelnden mit geistlichen und Ehrenstrafen; eingeleitet durch „Si qua" oder „Si quis". Nur in der unausgebildeten Kanzlei auch: „Sane si quis" und dergleichen. Vereinzelt kommen hier sogar Bedrohungen mit Vermögensstrafen vor, die jedoch in der durchgebildeten Kanzlei aufgehört haben.

6) Benedictio, die Verheissung göttlichen Lohnes für den, der das Vorgeschriebene innehält, eingeleitet durch „Cunctis autem", in der unausgebildeten Kanzlei auch durch „Haec autem conservantibus, Conservantibus autem" und dergleichen.

7) Apprecatio, bestehend aus Amen, welches bis auf Urban II. gewöhnlich fehlend, von da an in der Regel dreimal wiederholt die letzte Zeile schliesst. Dem Aeusseren und der Schrift nach entspricht sie schon mehr den Unterfertigungen. Besondere Umstände, selbst Vergesslichkeit können Aenderungen bewirken, wie z. B. in der Urkunde Honorius II. für Ménil (Acta I. Nro. 144) hinter die Benedictio noch ein Stück der Dispositio eingeschoben ist.

Erst allmählich hat sich die dargelegte, klare, meistens streng durchgeführte Formulirung herausgebildet. Vorher ist sie mannigfacher und unbestimmter, einzelne Formeln fehlen bisweilen, namentlich Bekräftigung und Verheissung, ganz unbekannt oder doch äusserst selten ist noch die Apprecatio. Corroboratio, Comminatio und Benedictio, welche in der durchgebildeten Kanzlei ein besonders starres Formelgepräge aufweisen, sind noch sehr der Willkür und Gestaltungskraft des Schreibers überlassen, wodurch eintreten kann, dass die Verfluchung sich in übertriebenen bombastischen Ausdrücken bewegt, die Corroboratio wenig bestimmt gehalten ist, bald weitschweifig, bald sehr knapp. Doch sei bemerkt, dass selbst die durchgebildete Kanzlei vereinzelt vom strengen Schema der drei Schlussformeln abwich.

Durchaus als Ausnahme hat zu gelten und fremdem Einflusse oder besonderen Umständen ist zuzuschreiben, wenn von einer Besiegelung geredet wird, wie vereinzelt unter Sergius IV. (J. 3032), Clemens II. (J. 3149, 3155), Nikolaus II. (J. 3345) und Clemens III. (Wibert, Acta I. Nro. 56), und noch seltener ist es, wenn der Papst hier angibt: auch er werde unterzeichnen. Aller Zuverlässigkeit dürfte es entbehren, wenn er seinen Kanzler beauftragt, das Schriftstück auszufertigen (J. 3032). Zum wenigsten sind dies Zeichen der unausgebildeten Kanzlei, zu denen auch gerechnet werden muss die hie und da vorkommende:

8) Publicatio, die Kundmachung des Beurkundens, gewöhnlich mit der Narratio und Dispositio verbunden.

9) Wunsch und Ermahnung. Diese Formel pflegt — wenn wir sie überhaupt als eigene Formel fassen wollen — am Schlusse von Bullen zu stehen, welche bei einer Palliumübersendung ertheilt wurden, und zwar als einzige Schlussformel des Conscriptes. Sie enthält gewöhnlich die Ermahnung, das Würdezeichen mit Ehren zu tragen, wofür der Lohn nicht ausbleiben werde, oder den blossen Wunsch, Gott möge es dem Empfänger gut gehen lassen und dergleichen, was man demnach also auch als Apprecatio fassen kann, doch ist diese von dem Amen der ausgebildeten Kanzlei grundverschieden. Stets pflegt sie sich direkt an den Empfänger zu wenden, also persönlich, nicht allgemein gehalten zu sein, wie es bei den übrigen Schlussformeln der Fall ist. Bisweilen steht nur der Wunsch, bisweilen nur die Ermahnung.

Mittelbullen.

Wir nennen diese Art von Schriftstücken: Mittelbullen, weil man sie gleichsam als Mittelglied zwischen Prunk- und Halbbullen auffassen kann; sie lassen sich auch als Uebergangsbullen bezeichnen, indem sie den Uebergang zwischen zwei Endgruppen bilden.

Das Wesen dieser Schriftstücke ist dahin zu bezeichnen, dass sie an Werth den feierlichen gleich stehen, dass sie aber nicht die charakteristischen Merkmale derselben, nicht Rota und Monogramm aufweisen, sondern nur die päpstliche Unterschrift führen, gewöhnlich irgendwie erweitert. Mit den unfeierlichen Bullen berühren sie sich in einigen Ausläufern auf's Nächste, pflegen diesen aber an Umfang überlegen zu sein und führen immer die grosse Datirung, während die der unfeierlichen oft verkürzt ist.

Bei ganz vereinzeltem Vorkommen unter Paschalis II verdanken sie ihre eigentliche Entstehung einer Neuerung des Papstes Gelasius, der als Kardinal Johann seit Jahrzehnten der päpstlichen Kanzlei vorgestanden hatte, und dadurch wie kein anderer die wachsende Geschäftsthätigkeit der Beamten und die Unbequemlichkeiten der Herstellung von Rota und Monogramm kennen gelernt hatte. Gewiss nicht selten war es vorgekommen, dass eine im ganzen Hauptkörper fertig gestellte Urkunde noch bei der Ausführung jener Zeichen verunglückte und somit unbrauchbar wurde. Wohl diese Thatsachen und die zwitterhafte Stellung der unfeierlichen Bullen haben den Grund abgegeben, die beiden Arten in der oben angegebenen Weise zu vereinen.

Zunächst scheint es, als habe Gelasius noch neben der Neuerung die unfeierlichen Bullen nicht ganz fallen lassen wollen (J. 4889), dann aber geschah auch dies: die Folgerichtigkeit des neuen Systems. Offenbar war dadurch das ganze Urkundenwesen bedeutend vereinfacht, eine Bulle liess sich jetzt mit geringerem Zeitaufwande und geringerer Kunstfertigkeit herstellen als bisher.

Gelasius' Nachfolger Calixt II. neigte anfangs zu der Neuerung hinüber, die ja augenscheinliche Vortheile bot. Doch bald machte sich die Reaktion der Jahrhunderte alten Tradition geltend, die feierlichen Bullen drängten sich wieder ein, ja, auch auf die unfeierlichen kam man vereinzelt zurück, so dass die Vereinfachung des Gelasius nun zu einer weiteren Complicirung führte, man anstatt zweier Arten jetzt ihrer drei besass. Dabei machte es sich dann, dass die Mittelbullen, welche nunmehr ganz grundlos dastanden, mehr auf das Niveau der unfeierlichen herabgedrückt und für volle Privilegien durchweg die alte feierliche Form gewählt wurde. Es war nur noch ein Geringes, dass Calixt's Nachfolger diese Minderung weiter führten und damit die Mittelbulle allmählich zur unfeierlichen machten. — In diesen Kreis gehörend, jedoch sowohl zeitlich als sachlich von ihr verschieden, sind einzelne Schriftstücke, die unter Alexander II. und Alexander III. auftauchen. Sie sind gleichsam als unsicher tastende Anfänge und Ausläufer einer neuen Urkundengruppe zu betrachten, die sich gegenseitig eng berühren und der Prunkbulle wesentlich näher stehen als die eigentlichen Mittelbullen. Sie führen nämlich die Unterfertigungszeichen, die Alexanders II. (Acta I Nr. 46) wenigstens die Rota, wird aber als Abart gekennzeichnet, durch die geringe Breite des Pergaments, die durchaus unfeierliche Conscriptschrift und durch die Faltung. Jene Alexanders III. pflegen nur die Buchstaben des einleitenden Namens verlängert, das Uebrige der ersten Zeile in gewöhnlicher Minuskel mit gestreckten Oberlängen ausgeführt zu haben, die Adresse kann mit der Heilformel, das Conscript mit oder ohne drei Amen schliessen, die Schrift des letzteren die der Breven doch in der Grösse der Privilegien sein.

Unfeierliche Bullen.

Noch weniger durchgebildet, als die Mittelbullen, sind die unfeierlichen gewesen, die kleinen oder Halbbullen, welche mit Urban II. aufkommen. Aeusserlich stehen sie jenen an Grösse und Feierlichkeit nach, während sie den feierlichen Breven darin überlegen sind. Die Adresse kann in verlängerter Schrift ausgeführt werden, dies ist aber nicht nothwendig, wie es bei der durchgebildeten Mittelbulle war.

Das Conscript darf alle Formeln der feierlichen Bulle enthalten, braucht es aber nicht, eine päpstliche Unterschrift kann sowohl stehen als wegbleiben, was bisweilen, z. B. für Calixt II., das entscheidende Moment zwischen Mittel- und Halbbulle bildet. Die Unterschrift kann die gewöhnlichen Worte aufweisen, seit Honorius II. durch ein Kreuz eingeleitet, kann aber auch durch einzelne Worte oder den Wahlspruch erweitert sein; die Datirung kann die grosse sein, doch ebensowohl die kleine des Breve; wenn letzteres der Fall, so bildet sie doch stets eine Zeile für sich, die über Linienweite vom Hauptkörper abgerückt ist; wenn erstere angewendet, so können einzelne Theile fehlen.

Fast unter jedem Papste nehmen die kleinen Bullen eine andere Gestalt an. Bisweilen können wir deutlich zwei Gruppen unterscheiden, eine, die der Uebergangsbulle und eine, die dem feierlichen Breve näher steht. Dies gilt namentlich von Honorius II., der jene beiden Arten zu vermitteln suchte. Deshalb sehen wir die eine Gruppe seiner hieher gehörigen Schriftstücke mit Apprekation und Unterschrift ausgestattet, die bei der anderen fehlen. Aehnlich so steht es mit Innocenz II., wo die Unterscheidungsmerkmale jedoch nicht am Schlusse, sondern im Vorrahmen wirksam sind.

II. Breven.

Feierliche Breven.

Von allen Zwischenstufen päpstlicher Erlasse haben die feierlichen Breven am wenigsten eine bestimmte Durchbildung erlangt. Im Ganzen stehen sie in Fassung und Grösse zwischen der unfeierlichen Bulle und dem unfeierlichen Breve, mit welchen beiden sich ihre Ausläufer nahe berühren. Ihnen gemeinsam ist: die kleine Datirung und Brevenplumbirung, die, jedoch nicht ausnahmslose, Anwendung der Heil- und nicht der Verewigungsformel, der Mangel einer Apprekation, oder doch wenigstens die Beschränkung derselben auf ein Amen, welches in der letzten Zeile zwischen dem Schlusse des Conscriptes und der Datirung steht. Die Formeln, aus denen sie zusammengesetzt sind, pflegen die der Breven zu sein, doch haben diese bisweilen Erweiterungen nach Art der Privilegien, z. B. das eine von Innocenz II. für St.-Victor in der Adresse „canonicam vitam professis tam presentibus quam futuris" (Acta I Nr. 184).

Legen wir das feierliche Breve in seiner am meisten ausgebildeten Gestalt zu Grunde, der nämlich, welche es unter Lucius II. erreicht hat, so finden wir es auf grösserem Pergamente geschrieben, als das unfeierliche, doch auf solchem, welches die Gestalt des letzteren aufweist, d. h. breiter, als lang ist. Der Vorrahmen, bezw. die erste Zeile ist entweder ganz oder theilweise in verlängerter Schrift ausgeführt. Das Conscript bringt entweder vergrösserte Breven- oder verkleinerte Privilegienschrift. Die Datirung reiht sich unmittelbar an das Conscript und schliesst dessen letzte Zeile ab. Weniger sicher durchgeführt, doch im Ganzen nahe verwandt, sind die feierlichen Breven Calixt's, während die von Innocenz in zwei oder richtiger gar in drei Gruppen zerfallen. Die eine davon entspricht der eben dargethanen; die zweite ist wie ein unfeierliches Breve gehalten, doch mit päpstlicher Unterschrift, ja, bisweilen sogar mit Zeugen versehen, während die Datirung unten eine Zeile für sich bildet; die dritte entspricht den unfeierlichen Bullen, nur, dass Alles kleine Verhältnisse aufweist. Mit ihrer bestimmtesten Fassung, mit ihrer Höhe unter Lucius II., haben die feierlichen Breven auch nahezu ihr Ende erreicht: unter den folgenden Päpsten kommen noch Schriftstücke vor, die wir hieher rechnen müssen, doch sie sind selten und stehen theilweise den unfeierlichen Bullen sehr nahe. In der eigentlichen Kanzlei ist Hadrian IV. der letzte Papst, unter dem sie erlassen sind, dann flüchten sie sich in die weniger mit Arbeiten überladene Kanzlei der Gegenpäpste Kaiser Friedrichs I., um, vereinzelt prunkvoll gestaltet, wie nie zuvor, schliesslich mit ihnen unterzugehen.

Unfeierliche Breven.

Das unfeierliche Breve ist neben der feierlichen Bulle die wichtigste Urkundenform der päpstlichen Kanzlei. Ihrem Inhalte nach darf man diese Schriftstücke in zwei Gruppen zerlegen, in solche, die vom Papste als Kirchenfürsten, und solche die von ihm privatim erlassen sind, also eigentliche Breven und vertrauliche Briefe, von welchen letzteren jedoch nur vereinzelte erhalten sind und für uns nicht näher in Betracht kommen; wir bemerken nur, dass es oft schwer ist, eine Grenzlinie zwischen beiden Gruppen inne zu halten.

Das Aussehen des Breve entspricht dem Zwecke, dem es zu dienen hat: dasselbe ist so einfach gebildet wie möglich, das äusserste Maass des blos Genügenden ist beobachtet worden: auf kleinen, durchweg breiteren als langen Pergamentstücken, in kleiner Bücherschrift mit stärkster Raumersparniss, meistens auch ohne Linien geschrieben, erhalten sie eigentlich nur durch das Blei und dessen Befestigung ein officielles Aeussere. Erst in der zweiten Hälfte des 12. Jahrhunderts, namentlich gegen Ende desselben, als die Privilegienbreven immer breiteren Raum gewinnen, als selbst Judikate theilweise in Brevenform abgefasst und ganze Urkunden in Breven aufgenommen wurden, musste man grössere Stücke Pergament dafür verwenden, womit es zusammenhängt, dass man ihnen auch durch freiere Stellung des Conscripts und Streckung der Oberlängen in der ersten Zeile ein entsprechendes Aeussere gab. Wie jedes päpstliche Schriftstück, so zerfällt auch das Breve in Rahmen und Conscript, die jedoch hier durch Schrift und Stellung nicht von einander abgehoben zu werden pflegen.¹) Jener ist in Vor- und Schlussrahmen zu zerlegen, von denen ersterer immer angewendet sein muss, letzterer erst allmählich zur Geltung kommt.

Vorrahmen.

Der Vorrahmen hat genau die Theile, welche wir beim feierlichen Privilegium fanden.

1) **Nominatio**. In der früheren Zeit steht die Nennung oft hinter der Adresse, mit Leo IV. tritt sie gemeinhin an erste Stelle. Was den Namen selber betrifft, so bewirkten weitgehende Raumersparniss und Vermeidung jeden Schmuckes, dass im 11. Jahrhunderte gewöhnlich nur der Anfangbuchstabe gesetzt, von Calixt II. bis Innocenz II. wenigstens ein abbrevirter Name angewendet wurde. Erst von da an schrieb man diesen aus, und zwar wurde es Regel, ihn bei Seidenplumbirung in halblangen, bei Hanfplumbirung in Minuskelschrift einzutragen. Früher oft ohne Zusatz oder mit „papa, pontifex, servus servorum dei", selbst vielleicht mit „divino gratia" und dergl. verbunden, findet sich später nur noch „servus servorum dei" an den Eingangsnamen gereiht. So lange der Papst noch nicht geweiht war, nannte er sich nach Art der Bischöfe „electus", entweder mit seinem bisherigen oder einem neuen Namen, je nachdem die Namensänderung schon vor sich gegangen war oder nicht (vergl. Zöpffl Papstwahlen S. 166); war letzteres der Fall, so wurde auch noch die bisherige Würde beigefügt. Gregor VII. schrieb: „Gregorius in Romanum pontificem electus" (J. Bibl. II. p. 10—23). Gelasius II. dagegen: „J(ohannes) ecclesiae Romanae diaconus, nunc, disponente domino, in pontificem electus" (J. 4881), Innocenz II.: „G(regorius), quondam S. Angeli cardinalis diaconus, nunc autem, deo disponente, in pontificem Romanum electus", oder am Schlusse kürzer: „disponente domino Romanus electus" (J. 5317, 5318). Nur ein Fall auch von dem bereits genannten Gelasius II. ist mir bekannt, wo der Papst sich noch nach seiner Consecration beim eigentlichen Namen nennt, es ist J. 4895: „J(ohannes) Gaetanus episcopus servus servorum dei", da hier aber auch im Conscripte „Lucii" anstatt „Paschalis" geschrieben ist, so scheint die Urkunde nicht sicher verwendbar zu sein.

---

¹) Die Auseinanderziehung der Datirung beruht nicht auf dem Motive des Heraushebens, sondern auf dem der Zeilenfüllung.

2) **Adresse**. Wie die Nominatio so ist auch die Adresse dem Privilegium entsprechend gehalten, doch treten hier bei der Natur des Breve einige Eigenheiten hervor.[1]) Zunächst in Betreff der Adressaten ist ein grösserer Spielraum gegeben: die Breven, dem Einzelfalle dienend, werden nicht selten an verschiedene und an mehrere Personen zugleich gerichtet; bald sprach man dabei allgemein „omnibus Christi fidelibus" oder dergleichen, bald zählte man innerhalb der Rangstufen einzeln auf, wie: „omnibus archiepiscopis, episcopis, ducibus marchionibus et comitibus". In solchen Fällen wurde gerne der Zusatz gemacht „ad quos littere iste pervenerint", namentlich im 12. Jahrhundert. War das Breve an einzelne Personen gerichtet, so nannte man diese entweder mit vollem, oder mit abbrevirtem Namen, oder nur mit ihrem Anfangsbuchstaben, oder man nannte sie gar nicht, sondern setzte nur ihre Würde also, „decano Trecensi" etc. Die ersteren Arten herrschen bis auf Alexander III.,

---

[1]) Der Tractat „de salutatione apostolica", welchen Delisle in der Bibl. de l'école des Chartes IV. 4. p. 68, und Winkelmann Kanzleiordnungen S. 22, veröffentlicht haben, ist von beiden Forschern Cölestin III. zugeschrieben, ohne dass sie beachtet haben, dass die Auroden von Reichshäuptern im 12. Jahrhunderte anders zu sein pflegten (vergl. oben S. 46), dass eine Adresse „F. Romanorum imperatori" lautet, wo doch Cölestin III. mit gar keinem Kaiser F(riedrich) zusammengelebt hat, sondern nur Cölestin IV. 1241 mit Friedrich II. Andre Namen, wie Guido von Lusignan, H(einrich) von Orléans, M(oritz) von Paris, Philipp II. (?) von Frankreich weisen auf Cölestin III., noch andere, wie G. Erzbischof von Tours, C. Erzbischof von Rheims lassen sich mit gar keinem Cölestin zusammenbringen, stimmen aber auch wieder nicht unter einander, da zwar im 13. Jahrhunderte zwei Erzbischöfe G. nämlich, Gottfried la Lando 1206—1208, Gottfried Marceau 1245—1251 lebten, einer Gilbert 1118—1125 im 12. Jahrhunderte, daneben sich aber kein C. als Erzbischof von Rheims findet. Wir werden es demnach mit einer Formel zu thun haben, worin auch der Name Cölestins formelhaft gebraucht ist und die mit ziemlicher Sicherheit in die zweite Hälfte des 13. Jahrhunderts gehört. Die Angaben mit Ausnahme des Kaisers und Königs von Jerusalem, auch die der Kardinäle, welche als Legaten fungirt haben werden, weisen auf Frankreich, des engeren wesentlich auf Orléans-Tours; Magdunensi ist Méung u. s. w. Orléans, der Abt S. Petri, wird der von St. Pierre-en-Pont (D. Orléans) sein; ein Brief an den Erzbischof von Rheims kann wegen Angelegenheiten von Orléans geschrieben sein, wie z. B. der an den Bischof von Paris und Orléans gemeinsam. Daraus ergibt sich dann ferner, dass wir keine officielle Aufzeichnung vor uns haben, sondern die irgend eines Mannes, der sie fern von Rom, wahrscheinlich in Westfrankreich, nach ihm gerade zugänglichen Urkunden machte, welche sich also für uns, die wir mit unverhältnissmässig ausgedehnterem Materiale zu arbeiten im Stande sind, als von blossem historischem Interesse erweist.

von wo an sich zunehmend mehr die letztere geltend macht, bis dieselbe mit dem Ausgange des 12. Jahrhunderts, etwa in den 80ger Jahren, vollständig die Oberhand erhält. Zwei Punkte nebeneinander, sogenannte Reverenzpunkte, ersetzen nunmehr den Namen oder dessen Abbreviatur.[1]) Häufig natürlich ist ein Breve nicht nur an bestimmte Personen allein, sondern an solche und eine Gesammtheit zugleich gerichtet, also etwa: „decano et capitulo, abbati et omnibus habitationibus (!) in castello Corgnito", oder „Hildesemensi episcopo et clero eiusdem civitatis, universis etiam fidelibus per suam diocesim constitutis"; oft auch nur an eine Gesammtheit: „omnibus episcopis Venetiae et Istriae; universo clero et populo Tricastinensi; per totum Italicum regnum et Teutonicorum debitam sancto Petro obedientiam exhibentibus". Sehr selten sind die Fälle und der unausgebildeten Kanzlei angehörig, wo ein Breve nicht nur die Lebenden nennt, sondern auch die Nachfolger anfügt (z. B. Acta I Nr. 66).

Die Formulirung der Adresse entspricht dem Aeusseren des Breve, sie ist möglichst sachgemäss und knapp gehalten. Von der Anredeform gilt das Gleiche, wie von der des Privilegiums (oben S. 6); in der durchgebildeten Kanzlei verwendet der Papst die zweite Person des Singulars, nur bei ganz hohen Würdenträgern scheint man sich bisweilen des „vos" bedient zu haben.[2]) Zu dem etwaigen Namen des Empfängers wird ohne weiteren Zusatz seine Würde gefügt „comes Y, abbas Casinensis, abbas monasterii Y", aber auch mit Zusatz des Heiligen. Wenn der Betreffende keine Würden besass, oder man sie aus etwaigen Gründen nicht nennen wollte oder konnte, so half man sich auf andere Weise: „Bertrando filio Raimbaldi", und dergleichen mehr. Bis gegen Ende vom dritten Viertel des 11. Jahrhunderts, bis etwa unter Gregor VII., wurde gewöhnlich kein Zusatz zum Namen gemacht, sondern dieser direkt an die Nominatio gerückt, von da an beginnen sich die Zusätze mehr vorzuschieben, „dilecto fratri (filio), dilecto filio et

---

[1]) Ihre Entstehung ist deutlich, früher machte man vor und hinter dem abbreviirten Namen einen Punkt, als der Name wegfiel, blieben die zwei Punkte. —
[2]) Vergl. den dankenswerthen Excurs von W. Ribbeck Friedrich I. und d. röm. Curie S. 80 f., wobei jedoch zu beachten, dass alle dort herangezogenen Briefe nur abschriftlich überliefert sind, während doch allein die Originale Sicherheit gewähren können.

confratri, fratri et coepiscopo" und ähnliche. „Frater" und „filius" wird in der gleichen Weise wie im Privilegium angewendet, doch haben wir jetzt, namentlich unter Urban II., öfter Ausdrücke mit con als beim Privilegium „confrater, consacerdos, coepiscopus". Seltener als Zusätze zwischen Nomiuatio und Adressaten sind solche zwischen Namen und Titulatur oder Titulatur und Ort, wie „Wilhelmo dilecto fratri Rothomagensi archiepiscopo, abbati venerabilis monasterii etc." Ist ein Breve an eine Congregation gerichtet, so hilft man sich mit „venerabili congreationi" u. dergl. Die Adresse vom ersten Breve Urban II. lautet: „venerabili Salzeburgensi archiepiscopo, caeterisque reverendissimis episcopis Pataviensi et venerandis abbatibus et gloriosissimis Welphoni ... atque omnibus maioribus et minoribus beati Petri fidelibus (J. 4017).

Am Schlusse der Adresse eines unfeierlichen Breve steht die Heilformel, nur besondere Ausnahmefälle, wo das Breve sich auf etwas, auch in Zukunft Dauerndes bezieht, können statt dessen die Verewigung bewirken (z. B. Acta 1 Nr. 71). Schon im 11. Jahrhunderte finden wir erstere durchweg in reiner Gestalt: „salutem et apostolicam benedictionem", vereinzelt, dies nur bedingungsweise gewährt, „si obedierit" (J. 3482, 4180). Doch haben wir jetzt auch noch Formen, wie: „apostolicam benedictionem, salutem perpetuam, perpetuam in Christo salutem, salutem cum benedictione apostolica, benedictionem apostolicae sedis, salutem charissimam cum benedictione apostolica", selbst „absolutionem (sich auf „peccatorum" beziehend) et apostolicam benedictionem" (J. 3839), wenn hier nicht ein Lesefehler für „salutem" vorliegt. Mit Urban II. sind alle Schwankungen ziemlich zur Ruhe gekommen.

Die ausgebildete Brevenadresse des 12. Jahrhunderts besteht: 1) aus „venerabili(bus) fatri(bus)" wenn an einen Bischof geschrieben wird, dilecto(is) filio(is)", wenn an jemand anders; ist ein Brief an beide Parteien, so setzt man gewöhnlich auch beides, wie: „venerabili fratri G (uarino) episcopo et dilectis filiis canonicis", oder man brauchte eine andere Wendung, wie: „et aliis prelatis" u. dergl. Auf den Zusatz folgt der etwaige Name, an den sich Titulatur und Ortsangabe reihen. Wird an Abt und Convent geschrieben, so pflegt die Adresse zu lauten: „dilectis filiis (Y) abbati totique conventui Z" oder „abbati et fratribus S. Dionisii", oder „abbati et monachis Casinensibus". Bei Laien wird in der Regel Folgendes beobachtet: bei den Vornehmen, vom Herzoge ab. wird zu „dilecto filio" noch „nobili viro" gesetzt, bei den einfach Ritterbürdigen und darunter fehlt dies. Besonders wichtigen Personen zu Liebe können Aenderungen eintreten, so schreibt z. B. Alexander III. an den Grafen von Flandern: „dilecto in Christo filio nobili viro comiti Philippo" (J. 7542). Die gewöhnliche Anrede eines Reichsoberhauptes ist: „charissimo" (selten „dilecto") in Christo filio Y. illustri" . . ., bei Kaisern: „Romanorum imperatori et semper augusto" oder „regi Romanorum imperatori semper augusto" (J. 10007); bei einem zum Kaiser Erwählten: „regi electo Romanorum imperatori" (J. 10008); bei Königen: „Francorum, Anglorum etc. regi". Doch kommen daneben verkürzte Anreden vor: „illustri Francorum regi Ludovico, Wilhelmo illustri Scotorum regi, charissimo filio Heinrico illustri regi Anglicae" und dergl.[1]). Herrscherinnen werden in der Weise der Herrscher angeredet, also z. B.: „charissimae in Christo filiae illustri Francorum reginae" (J. 7195), der Name fehlt nur selten. „Gratia dei" wird nie verwendet.

In der Reihenfolge bei Geistlichen steht in der durchgebildeten Kanzlei immer der Höchste an Rang voran; sind mehrere Leute gleichen Ranges, so entscheidet das Weihealter, doch bewirken hier Unkenntniss und die überwiegende Würde eines Sitzes bisweilen Aenderungen. Bei Laien entscheidet der Rang die Stellung. Bei Geistlichen und Laien werden erstere möglichst nach vorn geschoben, doch pflegt der König vor dem Bischofe, dieser vor dem Herzoge, dieser vor dem Abte, der wieder vor dem Grafen etc. gesetzt zu werden (vergl. z. B. J. 8767). Abweichungen sind zulässig, namentlich wenn es sich um hervorragende Würdenträger handelt, bisweilen ordnet man auch die gesammten Geistlichen voran und lässt dann erst die Laien folgen.

Alles ist so knapp wie möglich gehalten, die Zusätze bei Regular- und Weltklerus, welche wir bei den Privilegien fanden, fehlen, die Heiligen sind nach Bedürfniss den Orten beigefügt, doch möglichst ohne Umschweife „monasterium santi Silvini de Anchi". Den Schluss der Adresse bildet „salutem et apostolicam benedictionem", was jedoch in ganz vereinzelten Fällen fehlt, wenn der Papst zeigen wollte, dass er besonders ungnädig gegen den Adressaten sei.

---

[1]) Mit verstümmelten Adressen, wie J. 7617, 7623 etc., lässt sich natürlich nichts machen.

Schlussrahmen.

Der Schlussrahmen besteht nur aus der Datirung. Wie für die Nominatio, so war auch für die Datirung der Breven in früheren Jahrhunderten keine feste Regel ausgebildet; wir finden Briefe ohne Datirung, mit ausführlicher Datirung und solche, die sich zwischen beiden halten, bisweilen nur den Tag und Monat (sowohl nach römischem Kalender als nach fortlaufender Zählung berechnet), bisweilen dazu die Indiktion, bisweilen selbst den Ort gefügt. Darf man auf die nicht selten unzuverlässigen Drucke und die oft nicht weniger zweifelhaften Abschriften, welche ihnen zu Grunde liegen, etwas geben, so findet sich: „Data, Datum, Acta" und „Absoluta". Im 11. Jahrhunderte erscheint es bis auf Urban II. als Regel, dass Breven undatirt sind.[1]) Unter diesem Papste kommen datirte und undatirte neben einander vor, erstere in der Verschiedenheit der Ausführung noch die herrschende Unsicherheit zeigend. Meistens enthalten sie nämlich nur: „Dat.", Ort (dieser nicht selten allgemeiner, als auf Privilegien, z. B. blos „Roma") und Tag[2]) nach römischem Kalender, vereinzelt den Tag auch vor den Ort gesetzt, und wenn die betreffenden Drucke zuverlässig sind, fehlt auch bisweilen noch der Ort (z. B. J. 4070, 4079, 4098 etc.). Daneben stehen dann solche, welche „Dat.", Tag und Inkarnationsjahr bringen (J. 4083), oder auch dazu noch den Ort (J. 4163), wenn wir hier nicht das Inkarnationsjahr als unkanzleimässigen Zusatz ansehen müssen. Bisweilen sehen wir dem Orte und Tage den Datar Johannes beigefügt (J. 4197), oder Ort, Inkarnation, Monat und Indiktion (J. 4342), ja, selbst die grosse Privilegiendatirung, nur, dass die Reihenfolge der einzelnen Theile willkürlich gehandhabt wird und einzelne Stücke fehlen können (J. 4208? 4274? 4339 Acta I. Nr. 74). Zumal der letzten Zeit Urbans II. gehören diese erweiterten Datirungen an. Sein Nachfolger Paschalis II. hat keine wesentliche Neuerung getroffen, die überwiegende Mehrzahl

---

[1]) Wegen der Verschiedenheit in dem Register und den wirklich erlassenen Briefen Gregors VII. vergl. Acta I. Nro. 47 Nachwort. Ich erlaube mir, Löwenfeld bei der mir in Hüffer's Jahrb. I S. 111 Nro. 29 ertheilten Belehrung auf diese Stelle zu verweisen. — [2]) Hierhin gehört auch J. 4268. Die erweiterte Datirung ist ungehörig, wie wir es für Orte der Gegend Metz häufig finden (vergl. Acta I. Nro. 8 u. 23).

seiner Breven trägt die kleine Datirung mit Ort und Tag, doch haben wir nicht wenige, wo diese fehlt, und bisweilen ist sie auch erweitert durch das „per manus" des Datars (J. 4353, 4462), oder durch dieses und die Indiktion (J. 4363), oder, verhältnismässig oft, nur durch die Indiktion (z. B. J. 4445, 4498, 4733), oder durch Inkarnation und Indiktion (J. 4415), doch wissen wir leider nicht, in wiefern hier Ursprünglichkeit obwaltet, von anderen Dingen, wie dem Fehlen des Ortes, Zusatz des Inkarnationsjahres, blosser Ortsangabe etc. zu geschweigen. Noch grössere Datirungen als die oben angegebenen z. B. in J. 4742 mit Ort, Datar, Tag, Indiktion, oder J. 4815 mit Ort, Datar, Tag, Indiktion, Inkarnation und Pontifikat, also mit voller grosser Datirung, können schon zur Gruppe der unfeierlichen Bullen gehören, was selbst hie und da schon bei den anderen der Fall sein mag; mit den vorliegenden Drucken lässt sich hier nicht auskommen. So viel ist gewiss, dass das Gewöhnliche eine Datirung nach Ort und Tag ist, der am häufigsten die Indiktion an die Seite tritt, dass daneben aber der Willkür, dem Zufalle oder gerade obwaltenden Umständen nur wenig mehr Beschränkung auferlegt worden, als unter Urban II. Paschals Nachfolger, Gelasius II., der bisherige Datar, ist es gewesen, der hier Ordnung geschaffen hat, indem er Ort und Tag zur regelmässigen Brevendatirung erhob, das einzige von diesem Schema abweichende Schriftstück (J. 4894) erscheint unzuverlässig. Die Art des Gelasius ist von Calixt II. angenommen worden, nur weniger sicher durchgeführt; einzelne Breven blieben undatirt (J. 4963, 5128), auf anderen finden wir zum Orte und Tage noch die Indiktion gefügt [1]: von diesen haben wir eines im Originale vorliegen gehabt, das für Bamberg ausgestellte (J. 5177), und dieses gehörte nicht zu den gewöhnlichen, sondern in die Gruppe der feierlichen Breven, was vielleicht auch für die übrigen oder doch für einige derselben gelten dürfte. Bei einem anderen Schriftstücke, welches zur Indiktion die Inkarnation gesellt hat (J. 4948), kommt der Argwohn unkanzleimässiger Erweiterung hinzu. — Ein Gleiches gilt von den Datirungen der folgenden Päpste: die einzig kanzleimässige ist unter ihnen die von Gelasius durchgeführte. Verringerung oder Mangel lässt auf ungenügenden Druck, beziehungsweise mangelhafte Copie, höchstens ein zufälliges Weglassen in der Kanzlei schliessen;

---

[1] J. 4935, 4975, 4978, 5100, 5121, 5172, 5177; Robert Etude sur les actes de Calixte II. Nro. 152, 349.

eine Erweiterung deutet auf ein feierliches Schriftstück, wie z. B. die beiden des Papstes Honorius II. für Cambrai (Acta I. Nro. 145, 146). Mehr als 60 Jahre hat man an dem einmal gültig gewordenen Brauche festgehalten, bis die Erkenntniss der Unzulänglichkeit desselben allmählich eine Aenderung herbeiführte. Die Geburtszeit derselben sind die achtziger Jahre des 12. Jahrhunderts. Allerdings schon vorher sehen wir wiederholt die kleine Datirung auf zweierlei Weise erweitert, entweder durch Beifügung der Jahreszahl[1]) oder durch die des Pontifikats[2]). Ersteres geschieht gewöhnlich durch blosse Beifügung der Inkarnationszahl, nur vereinzelt mit dem Zusatze: „anno domini", letzteres durch die Worte: „pontificatus nostri anno y". Ich selber habe eine recht grosse Anzahl von Original-Breven dieser Zeit gesehen, ohne dass mir jemals ein solcher Zusatz vorgekommen wäre; es erscheint demnach die Annahme zulässig, dass sie nicht ursprünglich sind, von den Inkarnationszahlen ist dies als sicher anzunehmen, von den Pontifikatsjahren wenigstens als wahrscheinlich, oder doch als möglich. Unter dem Nachfolger Alexander III., unter Lucius III. begegnen wir beiden Arten von Zusätzen, vereinzelt gleichfalls unter Urban III., und auch von diesen Päpsten ist mir kein Original oder eine zuverlässige Kopie bekannt geworden, die einen von ihnen aufgenommen hätte. Einmal unter Lucius (J. 9640) ist die Pontifikatsangabe mit: „Pontificatus eiusdem domni papae Lucii anno III" gegeben, was wenigstens nicht einem späteren Breve, sondern höchstens einem Privilegium entlehnt sein könnte. Anders mit Gregor VIII.; unter ihm wird es Regel, zum Orte und Tage die Indiktion zu setzen, nur in einzelnen Fällen, zu Anfang seines Pontifikates, ist sie nach dem mir vorliegenden Drucke noch weggeblieben (J. 9983, 9984), eine Erweiterung durch das Inkarnationsjahr (J. 9994) wird auf unkanzleimässigem Zusatze beruhen. Clemens III. hat sich in den ersten Wochen seiner Waltung dem Vorgänger angeschlossen und dem Orte und Tage die Indiktion beigefügt. Bis Ende Januar 1188 ist dies inne gehalten, dann besitzen wir aus dem Februar eine Urkunde, welche nach früherer Weise nur Ort und Tag bringt (J. 10039), woran sich die folgenden schliessen mit dem Zusatze des Pontifikatsjahres in der schon oben angegebenen Form: „pontificatus nostri anno y". Diese Art der Brevendatirung hat nunmehr alleinige Berechtigung erhalten.

---

[1]) z. B. J. 7778, 8499. — [2]) z. B. J. 7769, 7881, 8324, 8388, 8569, 8619, 8620.

Conscript.

Wie bei dem ganzen Breve tritt auch in dem Formelwesen des Conscriptes möglichste Knappheit hervor, so dass es innerhalb der unausgebildeten Kanzlei möglich erscheint, ein Breve nur aus einer Formel, der Dispositio, bestehen zu lassen, jedoch sinken sie unter zwei kaum hinab, sei es, dass zur Dispositio die Comminatio oder die Narratio tritt, selten eine andere. Zulässig sind alle, die wir bei der Bulle kennen lernten, selbst die Promulgatio. Je nach Bedürfniss fügte man ihrer mehr oder weniger zusammen und zwar der Regel nach in der Reihenfolge, wie wir sie bei den Bullen angegeben haben, nur, dass sie bei der Kürze einzelner Theile leicht mehr in einander geschoben werden. Bisweilen, namentlich unter Leo IX., scheint man noch ein „Vale" oder erweitert in „Vale charissime semper in domino", also eine Grussformel am Schluss angebracht zu haben. — Wie sehr das praktische Bedürfniss jedes andere überwog, mögen die Worte Gregors VII. an den Grafen von Flandern erhärten: „Plumbeo sigillo idcirco signari litteras istas noluimus, ne si forte caperentur ab impiis, eodem sigillo posset falsitatis quippiam fieri" (J. Bibl. II. p. 568). — Die Handhabung der Formeln nach Umständen und Bedürfniss ist auch in die durchgebildete Kanzlei übergegangen. Der Dispositio voran stehen jetzt ebenfalls Promulgatio oder Narratio, oder beide, letztere oft eng mit der Dispositio verbunden, oder auch in sie verflochten. Auf die Dispositio folgen die Corroboratio, gern eingeleitet mit „Nulli ergo, Statuentes ut, Decernimus ergo", und die Comminatio, gewöhnlich mit „Si quis" eingeführt. Beide von starrerem Formelgepräge als die vorhingenannten. Die Dispositio kann ihrer ganzen Art nach nicht überall, sondern nur in Breven gewissen Inhalts angebracht werden, also zunächst in solchen, welche bestätigen oder verleihen. Neben ihr kann auch die Comminatio fehlen, so dass auch jetzt noch Conscripte nur aus zwei Formeln bestehend vorkommen, während das voll ausgebildete gewöhnlich ihrer fünf hat.

III. Judikate.

Judikate sind Urkunden, die in Folge von Gerichtsverhandlungen abgefasst wurden. In der Regel waren es Verhandlungen, welche ganz oder theilweise vor dem Papste, doch konnten es auch solche sein, die nur vor dem römischen Gerichte stattgefunden hatten. Der ausfertigende Beamte gehörte stets der Kurie an. Durch diese Umstände, denen zur Seite steht, ob der Papst als oberster Richter oder als Kirchenhaupt handelte, dann durch den Zweck, welchen man beabsichtigte, waren zwei Arten von Judikaten gegeben, reine Judikate und Judikats-Bullen. Erstere sind im Wesentlichen einfache Referate über die Verhandlungen: gewöhnlich unter Anrufung der Dreieinigkeit wird rein sachlich berichtet; letztere sind im Namen des Papstes für gewisse Personen ausgestellt, der Papst redet persönlich, kann von sich aus das Urtheil bestätigen und noch anderweitige Verfügungen anreihen. Diese letzte Gruppe von Aktenstücken gehört eigentlich zu der der feierlichen Bullen, hat jedoch einige wohl zu beachtende Eigenheiten. Sie setzt stets den Papst als Kirchenoberhaupt voraus, während bei den reinen Judikaten dies und die blos richterliche Stellung desselben möglich sind, letztere überwiegt.

Reine Judikate.

Sie wurden ausgegeben in beglaubigter und unbeglaubigter Form. Erstere, schmucklos auf mittelgrossen Pergamentstücken von einem Kurialbeamten geschrieben, sind blosse Memoranda über den Hergang, letztere tragen Unterschriften und bisweilen auch das päpstliche Bleisiegel.

Für unsere Ausführung legen wir eine Reihe von Erlassen zu Grunde, welche um das Jahr 1000 abgefasst und von Muratori zusammengestellt wurden (SS. Rer. Ital. II. 2. p. 499 sq.).

Vorrahmen.

1) Invocatio, deren Grundformel zu sein scheint: „In nomine domini dei salvatoris nostri Jesu Christi".

2) Datirung (nota temporis), meistens sehr umständlich, enthält sie a) das Pontifikatsjahr, etwa wie „Anno deo propitio pontificatus domni (nostri) Benedicti summi pontificis et universalis octavi papae in sacratissima sede beati Petri apostoli primo". b) Kaiserjahre, z. B.: „imperii domni nostri tertii Ottonis a deo coronati magni et pacifici imperatoris anno quarto"; aber auch einfacher: „imperii autem domni Ottonis imperatoris (similiter) y", oder Participalkonstruktion: „imperante domno nostro" etc. c) Indiktion, d) Monat. e) Tag. Also, z. B.: „Indictione XII., mense Augusto, die

secundo". Ist das Kaiserthum erledigt, so folgt dem Pontifikatsjahre gleich die Indiktion. Nicht selten fehlen einige Glieder der Datirung, wie sich auch sonst Abweichungen von dem Schema finden.

Schlussrahmen.

3) Scriptumzeile. Hebt sich schon in den Privilegien die Scriptumzeile äusserlich nur wenig vom Conscripte ab, so tritt sie doch in scharf-selbstständiger Formulirung als eigen hervor. Nicht einmal dies ist der Scriptumzeile des Judikates eigen, sondern durch eine Conclusivwendung lehnt sie sich an das Vorausgehende. Gewöhnlich hebt sie an: „Unde pro futura memoria". In die Scriptumzeile ist aufgenommen, wer befohlen hat das Schriftstück abzufassen, warum er es befohlen, wem es befohlen, wozu dann noch einige Zeitmerkmale kommen. Die Reihenfolge, in der diese Dinge gebracht werden, pflegt zu sein: a) der Grund der Abfassung, b) wer befohlen, c) wem befohlen, wobei sich der betreffende Schreiber 1) in der ersten Person einführt, z. B. „tradiderunt mihi, mihi praecipit, ex iussione supradictorum scripsi ego", 2) bei Namen nennt, 3) seine Prädikate angibt, also etwa: „mihi Petro scriniario S. R. E. scribere praecepit". Die Reihenfolge der Scriptumzeile geht fort mit d) Monat (ohne Angabe des Tags), e) Indiktion. Letzteres erinnert durchaus an die volle Scriptumzeile der Privilegien. Ausser diesen fünf Theilen wurden bisweilen auch noch weitere Angaben in unsere Scriptumzeile geschoben, so, dass derjenige, welcher die Ausfertigung des Erlasses befohlen, auch selber unterschrieben habe, oder gar weitere Erläuterungen über den Grund der Ausstellung des Judikats. Dass die Scriptumformel, wenigstens bisweilen, erst später als die Unterschriften ausgeführt wurde, könnte sich aus der darin angebrachten Wendung folgern lassen: „in qua ipsi (die Aussteller) propriis subscripserunt manibus" (Muratori SS. II. 2. p. 508.).

4. Unterschriften von Betheiligten und Zeugen. Tiefer als das Scriptum stehend, machen diese Unterschriften in ihrer willkürlichen Art der Formulirung den Eindruck, als seien sie durchweg eigenhändig eingetragen. Das „interfui" oder gar „ibi fui", welches auf Bullen nicht häufig, zeigt sich hier besonders beliebt. Da es sich vielfach um weniger namhafte Männer als bei Bullenunterschriften handelt, so fügte man gerne erläuternde Zusätze bei: „qui vocatur Malustalentus; germanus vero domni praefecti" etc. Papst Benedikt VIII. nennt hier auch seinen Taufnamen, so dass

seine Signirung lautet: „ThFklhCTXC oder thfpfklbetxl qui (et) Benedictus papa vocor, interfui et subscripsi".
5. Ausfertigungszeile. Sie ist in manchen Hinsichten verwandt mit der Datumzeile der Privilegien, aber ebenso scharf von ihr unterschieden. Der unterfertigende Beamte pflegt nämlich hier nicht wie dort ein anderer, höher gestellter, als der Schreiber des Conscripts, beziehungsweise der Scriptumzeile, zu sein, sondern der gleiche; überdies fehlen hier die Datumangaben. Die Formel ist: „Ego" — Name — Prädikate — „complevi et absolvi"; dazu kann noch gesetzt werden, dass der Betreffende das Aktenstück geschrieben hat, etwa „scriptor huius chartae", auch, dass er es erst unterfertigt habe, nachdem die Unterschriften erfolgt seien, „post omnium (testium) subscriptiones complevi et absolvi".

Conscript.

1. Einleitung, die jedoch – wie es scheint – auch fehlen kann.
2. Kundmachung, welche fehlen oder in die Einleitung verwoben sein kann. Sie knüpft gerne an mit: „(et) ideo cunctis sanctae dei ecclesiae fidelibus manifestum fieri volumus qualiter".
3. Erzählung der Vorgänge. Was den Streit veranlasst, wodurch gerichtliche Verhandlungen nöthig geworden sind, diese selbst und das endgültige Urtheil. Jenes entspricht der Narratio, dies der Dispositio. Eine Trennung der beiden lässt sich nicht wohl durchführen, weil das Ganze als laufende Darstellung gehalten, wobei sich an das Urtheil nicht selten noch die Momente von dessen Vollstreckung und dergleichen reihen.
4. Androhung; oft der Erzählung eng verbunden, indem dieselbe namentlich die Festsetzung der Vermögensstrafe als Inhalt oder Folge des Urtheils enthält. Unter Umständen kann das Judikat von einem Inhalte sein, der eine Strafbestimmung überflüssig macht, doch finden wir dann gewöhnlich eine andere abschliessende Formel, nämlich:
5. Beglaubigung, gern eine Erwähnung der Zustimmenden und Unterzeichnenden enthaltend (vergleiche z. B. Leibniz, Ann. Imp. III. p. 419), wovon wir Bruchtheile bereits oben in die Scriptumzeile übergegangen sahen.

– Wie es bei einer Gruppe von Schriftstücken von derartiger Umständlichkeit nicht anders sein kann, so treten innerhalb derselben

Abweichungen und Verschiedenheiten auf. Nehmen wir z. B. das Judikat Benedikts VII. für St. Cosmae und Damiani (Muratori, Antq. Ital. I. p. 379). Hier fehlt die Invokation, in den Datumangaben ist nach Pontifikat- und Kaiserjahr gesetzt: „sed et huius Aprilis mensis indictione XI." Der Schlussrahmen besteht aus der Scriptumformel: „Hoc siquidem iudicatum praecipiente domno Benedicto summo pontifici et universali papa, mihi Benedicto scrinario S. R. E. praedictis iudicibus dativis consentiendo et promulgando scribere dicta verba. In quos iam nominati propriis manibus pro ampliore et firmiore stabilitate subscripserunt sub die, anno, mense, et indictione supradicta XI."

Es folgen die Unterschriften, voran die des Papstes, zum Namen und Prädikate noch Zusätze bringend, meistens „huic refutationis chartae interfui", auch „in hac brevi memoratoria manus ss." Den Schluss bildet die Ausfertigungszeile in voller Form mit „post omnium testium subscriptionem et traditionem complevi et absolvi". Das Conscript besteht aus Einleitung, an die sich eine indirect gehaltene Kundmachung schliesst („ideo eruditissimi sanxere, ut per scripturarum seriem" etc.); Erzählung der Vorgänge, diese, weil es sich nur um eine einzelne Gerichtsverhandlung auf einer Synode handelt, nach Art der Narratio in Synodalbullen abgefasst; Angabe der Synode, deren Theilnehmer einzeln genannt; Darlegung der Verhandlungen mit direkter Rede und Gegenrede; das Ergebniss und Ausführung des Urtheils.

Gleichsam den Uebergang zu diesem Schriftstücke und den Judikaten mit ausgedehnterer Streitsache bildet der Erlass des Papstes Sergius IV. für Beaulieu (J. 3043), die Einleitung und Corroborationswendung geschieht fast nach der vorherigen Formel. Dann geht es aber weiter: „et ideo ego Sergius divina gratia quartus sanctae Romanae ecclesiae pontifex servus servorum dei universae ecclesiae populo notum esse volumus ... qualiter ad nostram apostolicam sedem lamentando venit quemdam Hugo venerabili, archiepiscopo (!) S. Turonensis ecclesiae". Derselbe klagt wegen des Klosters Beaulieu, das dem heiligen Petrus überwiesen sei, der Papst beruft eine Synode, deren Theilnehmer aufgezählt werden, es folgen die Verhandlungen, wieder in direkter Rede und Gegenrede, Ergebniss und Ausführung, woran sich zum Schluss eine Benedictio reiht. Der vollständige Vor- und Schlussrahmen sind ganz in Judikatsart gehalten, ersterer beginnt mit der Invokation; in der Scriptumzeile ist der Befehl der Siegelung, aber keine spezielle Angabe über Signirung enthalten.

Gehen wir zu dem Judikate Benedikts VII. für Magdeburg (Boysen Allg. Mag. I. S. 197)[1]) über, wo es sich ebenfalls nur um die Vorgänge auf einer einzelnen Synode handelt. Die Kundmachung im Conscripte fehlt hier, die Angaben über die Synode sind weniger detaillirt, die Erzählung ist rein referirend gehalten, an den Giselher-Magdeburger Fall ist der Halberstadt-Magdeburger und der Merseburger gereiht.

Der Schluss entspricht dem von Synodal-Privilegien, auf welche auch der Inhalt, die Verleihung des Palliums etc. theilweise deutet. Zur Festigung wird der Erlass von den auf der Synode Anwesenden unterschrieben und soll an alle Bischöfe Galliens und Germaniens zur Unterschrift auf einer Synode in Gegenwart päpstlicher Legaten gelangen. Leider ist unser Druck mangelhaft, er bricht mit dem Angegebenen ab, der Schlussrahmen fehlt. Der Vorrahmen bringt Invokation (mit: „Christi summi regis et sacerdotis") und Datirung in der oben dargelegten Weise.

Das Schriftstück für Magdeburg darf als Mittelglied gelten, zwischen den reinen Judikaten[2]) und deren wichtigster Abart, der nämlich, dass man Synodal-Bullen und selbst gewöhnliche Privilegien in der Form von Judikaten ausstellte.

Solch' ein Synodal-Judikat liegt uns in dem Schreiben Benedikts VII. für S. Rufilli vor (J. 2910). Der Vorrahmen desselben besteht aus Invokation und Zeitangaben, letztere enthalten: Pontifikatsjahr, Kaiserjahr, Tag, Indiktion und alsdann folgt noch „(in) civitate Ravenna." Das Conscript bringt: allgemein gehaltene Arenga, an die sich sogleich die Dispositio, die Verleihung, reiht, eingeleitet durch: „Ideo ego Benedictus catholicae ecclesiae episcopus, imo cum consensu et auctoritate cardinalium S. R. E. concedo", also durch eine Nominatio und kurz hingeworfene Narratio, welche letztere aber in ihrem Hinweise auf eine Zusammenkunft von geistlichen Würdenträgern, wo die Zustimmung der Kardinäle

---

[1]) Die hieher gehörigen Schriftstücke sind auch meistens im Cod. Reg. Sax. veröffentlicht, der mir jedoch leider nicht zugänglich ist.

[2]) Gerade dieser Theil der Abhandlung liesse sich noch weit ausdehnen, wir haben hier aber mit dem Raume nach der Anzahl der betroffenden Aktenstücke hauszuhalten.

erfolgte[1]), den Schlüssel für die ganze Formulirung der Urkunde enthält. Auf die Dispositio folgt eine Comminatio (si quis autem), eine Corroboratio (Quam vero chartulam .... subscribendam rogavimus, subscriptam manibus meis propriis ...). Zeitmerkmale, in die Corroboratio stilistisch verflochten: „tibi quoque supra contradidi sub die, mense et indictione VIII, civitatis Ravennae". Den Schluss bildet die Zeugenliste, die Unterschrift des Papstes voran, doch wissen wir leider nicht, da das ganze Schriftstück nur mangelhaft, von der Comminatio an verkürzt, abgedruckt wurde, ob nicht noch etwas fehlt.

Einen anderen Fall dieser Art haben wir in der Urkunde Benedikts VIII. für Fruttuaria (J. 3061), eingeleitet durch eine Invokation folgen die Zeitangaben, womit die Narratio gleich verbunden ist: „Anno, qui computatur incarnatione domini 1015, indict. 13, residente in synodo d. et glorioso papa Benedicto intra basilicam Lateranensem, adfuit quidam abbas Willelmi nomine" etc., dieser bittet um Privilegirung seines Klosters, was referirend gewährt wird. Eine mit einer Comminatio verbundene Benedictio schliesst das Conscript. Den Schlussrahmen bildet die Liste der Synodalanwesenden, der Papst mit „Ego Benedictus S. R. E. praesul" an der Spitze, es folgen 45 Bischöfe, 14 Kardinalpresbyter und Diakonen, ein „Cremonensis custos" und 5 Aebte. Den Schluss bildet eine Scriptumzeile lautend: „Cuius testamenti notitiam praecepit scribere mihi Benedicto sacri palatii scrivario dominus papa Benedictus, tertio die mensis Januarii".

Es war vom Synodal-Judicat nur noch ein Schritt bis zum Judikat-Privilegium, wie uns in dem Erlasse Benedikts VIII. für Farfa vom Jahre 1013 (J. 3053) ein besonders beachtenswerthes Beispiel vorliegt. Der Vor- und Schlussrahmen sind in allen Theilen und in der ganzen Formulirung die des Judikats, nur, dass die Scriptumzeile hier auseinander gelegt ist als: „Quam scribendam rogavit Roccionem scriniarium S. R. E. Et ego qui supra scriptus manu propria subscripsi et testes, qui subscriberent, rogavi et vobis, qui supra, contradidi in mense et indictione suprascripta XI." Das Conscript beginnt mit einer Arenga, woran sich reiht: „Quapropter

---

[1]) Auch sonst vorkommende Formel dafür, z. B. Robert Etude sur les actes de Calixte II. p. CXXX.: „fratrum nostrorum episcoporum cardinalium et nobiliorum Romanorum consilio".

ego suprascriptus domnus Benedictus almae Romanae praesul a praesenti die do, dono, cedo, trado et irrevocabiliter largior, simul atque concedo ex propria mea substantia... vobis Guido(!)... abbas (!) venerabilis monasterii S. dei genitricis Mariae ... vestrisque successoribus abbatibus"... folgt einzeln angegeben, was er schenkt und specialisirte persönlich gewandte Corroboration. Man sieht, dem Inhalte nach gehört dies Schriftstück zu den reinen Privilegien, der Form nach aber zu den Judikaten.

Einen ziemlich umgekehrten Fall, wo ein Schriftstück, welches eigentlich in der Form eines reinen Judikats hätte abgefasst sein sollen, stark von der des Privilegiums durchsetzt ist, haben wir in Johann XIX. - Silvae Candidae (J. 3098). Es wird eingeleitet von einer Invocation mit Amen, dann kommt aber: „Ego Johannes divina providentia nonus decimus papa Romanus sciens pene cuncta oblivioni dari" etc., folgt eine Einleitung, an welche sich die Erzählung der Vorgänge schliesst, eine Darlegung des Streitfalles, der auf einer römischen Synode entschieden wird. Die Theilnehmer an dieser Synode sind mit Namen genannt. Eine Banndrohung dient zur Festigung des Entscheides, worauf es heisst: „et ab omnibus clamatum est, fiat, fiat, Amen, Amen". Nach Art der Judikate ist die Scriptumzeile eingereiht: „Et ut diligentius observetur et clarius cognoscatur totum per ordinem Georgio scrinario sancte nostre R. E. scribere precepimus et ab omnibus, qui interfuerunt, propriis manibus roborare voluimus". Zeitangaben fehlen. Es folgen in dem Marinischen Drucke fünf Zeugenunterschriften, zwischen denen ein bene valete steht, dann kommt eine Datirungszeile, lautend: „Dat. XIX. Kal. Jan. per manum Bosoni episcopi S. Tyburtine ecclesie et bibliothecarii S. apostolice sedis interfui et in perpetuum valere iudico", also Datirung mit Zeugenunterschrift verbunden, woran sich abermals eine Zeugenliste reiht, um durch „Ego Stephanus dei gratia scrinarius S. sedis apostolice scripsi" abgeschlossen zu werden. Diese Signaturen sind zum grösseren Theile in erweiterter Fassung, wie sie Judikaten und Synodalen eigen ist, z. B. mit dem Zusatze „hoc decretum firmum et" oder „interfui et in perpetuum valere iudico".

Wir sehen, wie schwankend es mit den Judikaten steht, wofür der Hauptgrund in der engen Berührung mit römischen Privaturkunden und in der verschiedenartigen Weise der Ausfertigung (vergl. unten S. 51) zu suchen ist. Im Laufe der zweiten Hälfte des 11. Jahrhunderts gehen die Judikate allmählich über in die:

Judikats-Bullen und -Breven.

Die Judikats-Bulle entspricht in ihrem Aeusseren der Privilegien-Bulle, hat aber in ihrer durchgebildeten Gestalt mehrere unterscheidende Merkmale. Legen wir die beiden Schriftstücke zu Grunde, welche Paschalis II. in dem Streite zwischen Dom Èvre und Molême erlassen hat (J. 4773, Acta I. Nr. 124), so finden wir Folgendes:

Der Vorrahmen ist ganz in der Weise dessen der Breven gehalten: Nominatio, knappe Adresse: „fidelibus per Lingonensem (Tullensem) parochiam", Heilformel.

Das Conscript setzt gleich mit der Präcisirung des ganzen Streitfalles ein: „Inter religiosos, viros Molismenses et sancti Apri monachos de cella Casteniacensi questio aliquamdiu agitata est et in nostra... audientia ventilata.

Es wird nun der Verlauf des Streites geschildert und dessen Beilegung (also Narratio), welche der Papst bestätigt: „Nos itaque religiosorum virorum quieti ... providentes, huiusmodi conventum et concordiam collaudavimus" etc. (Dispositio), woran sich die Corroboratio und Comminatio in Brevenform schliesst. Abweichend von den Privilegien liegt in diesem Schriftstücke das Gewicht nicht in der Dispositio, sondern in der Narratio, der Entwicklung und Beilegung des Streites, dem entsprechend nimmt diese allein auch über $^3/_4$ des ganzen Conscriptes ein, während die Dispositio nur wenige Zeilen umfasst. Ja, die ganze Natur der Sache bringt es mit sich, dass in Schriftstücken dieser Art blos eine Narratio angewendet zu werden braucht, welche das Urtheil mit enthält, worauf gleich die Schlussformeln folgen können; oder in anderen Worten: eine eigene Dispositio ist nicht immer nöthig.

Der Schlussrahmen in unseren beiden Bullen besteht aus einer Actumzeile, den Termin der abschliessenden „Handlung", den der päpstlichen Zustimmung enthaltend, sie lautet: „Actum Beneventi in palatio principali coram multis testibus. VIII. Kal. Junii. Es folgt die päpstliche Unterschrift, diese aber durch den Zusatz „collaudavi et subscripsi" sich scharf von der Privilegiumsignatur abhebend, darunter steht die Zeugenliste, ebenfalls von der der Privilegien verschieden, sowohl durch die Personen (Nichtkardinalbischöfe, ein „scolarum Metensium praeceptor", ein „Tullensis canonicus") als durch den jeweiligen Zusatz „interfui".[1]) Den Schluss bildet die Datumzeile und zwar als grosse Datirung.

Im Vorrahmen mit den besprochenen Schriftstücken gleich, in den übrigen Theilen aber Abweichungen zeigend, ist der noch im Originale erhaltene Erlass Paschals vom 13. Februar 1113 (J. 4702). Hier wird das Conscript eingeleitet durch eine allgemein gehaltene Arenga, an die sich eine reichliche Promulgatio schliesst, worauf mit „Casinensis enim abbatis" die ausführliche Darlegung des Streitfalles und dessen Beilegung folgt; wieder, wie in der vorigen Urkunde ist die Dispositio kurz und noch kürzer die Corroboratio. Eine Comminatio fehlt.

Der Schlussrahmen wird eingeleitet durch eine gewöhnliche Scriptumzeile. Die päpstliche Unterschrift ist erweitert durch „in presentia nostra hoc factum inditium confirmavi et ss", die Zeugen bestehen aus sehr verschiedenen Leuten, einige führen den Zusatz „index datus", die meisten neben dem „ss, subss, subscripsi" das „interfui". Erst unterhalb der Zeugen folgt die Actumzeile, der vorigen entsprechend, nur, dass das zwei verschiedene Tage bringende Datum (III et II Idus Febr.) an den Ort gereiht, und der Zusatz „coram multis testibus" erweitert ist in: „practer hos suprascriptos, alii etiam plures interfuerunt tam episcopi quam abbates", es folgen, unmittelbar auf gleicher Zeile, angeknüpft mit „videlicet", drei Namen, den Schluss bildet wieder die grosse Datirung. Die Hand, welche Actum- und Datumzeile ausführte, ist die gleiche.

Das am meisten charakteristische Merkmal der Judikatsbulle, die Actumzeile, finden wir auch auf einem Schriftstücke Urban II. vom Jahre 1096, wegen der Vereinigung von Conques und Figeac (J. 4230). Hier bringt der Vorrahmen nur eine Nominatio. Das Conscript wird eingeleitet durch die Bemerkung, dass er, der Papst, ein Konzil in Clermont gehalten habe, wo ihm jene Vereinigungsangelegenheit vorgelegt sei; es ist eine Art von Arenga, aber gleich in die Narratio hineingezogen, am Ende derselben befindet sich das Urtheil, hierauf folgt mit „Et nos igitur" die Corroboratio, mit der nur höchst selten angewendeten „impressio sigilli", den Abschluss des Conscripts bildet die Comminatio. Der Schlussrahmen besteht aus Actum- und Datumzeile. Erstere, den Ort enthaltend

---

[1]) In dem nur abschriftlich erhaltenen Exemplar für Molême fehlen die Unterschriften.

(in concilio apud Nemausum in ecclesia S. Mariae), Tag. Inkarnation, Indiktion und Pontifikatsjahr. Letztere dafür nach Brevenart nur bringend: den Ort (apud vallem Flavianam in monasterio S. Egidii) und Tag (natürlich vom Actumtage verschieden). Hier haben also Actum- und Datumzeile den früher besprochenen gegenüber gleichsam die Rolle gewechselt, die grosse Datirung ist der ersteren überwiesen.

Ferner gehört in den hier besprochenen Kreis J. 4164: doch ist der Abdruck leider so mangelhaft, dass es sich nicht verlohnt, näher darauf einzugehen, bemerkt sei nur, dass das Conscript mit einer Promulgatio eingeleitet wird.

Anders als bisher gestaltet sich die Sachlage, sobald die Actumzeile weggelassen wird, was nach dem Pontifikate Paschals II. stets eintritt. Das ganze Schriftstück wird dadurch der eigentlichen Bulle näher gebracht, in die es dann auch folgerichtig allmählig übergeht. Auf die Formulirung des Vorrahmens und des Conscriptes brauchen wir nur wenig einzugehen, erstere entspricht bald der prunkvolleren der Bulle, häufiger der knapperen des Breve, selten besteht sie aus Nominatio allein, z. B. J. 4215; das Conscript bietet nichts wesentlich Neues, nur dass die Schlussformeln im Ganzen reicher werden und sich dadurch mehr dem Privilegium anschliessen. Seit Calixt II. pflegen sie nämlich aus voller Comminatio (Si qua), Benedictio (Cunctis autem) und Apprecatio zu bestehen, wozu noch die Corroboratio treten kann, doch haben wir auch die ältere knappere Art, z. B. in J. 5073, wo nur eine Benedictio als Schlussformel gewählt ist; während in den, allerdings nicht besonders gut überlieferten, Judikaten Calixts II und Honorius II für Arezzo (bisher ungedruckt) alle Schlussformeln fehlen. Eingeführt kann das Conscript durch die Narratio werden, es kann davor aber auch Promulgatio oder Arenga treten. Namentlich letztere drängt sich allmählich vor, wodurch abermals ein Schritt zur Verschmelzung mit der reinen Bulle gethan ist. Mehr als Vorrahmen und Conscript zieht der Schlussrahmen das Auge auf sich. Er bringt abschliessend immer eine Datumzeile, und zwar die grosse, kann eingeleitet werden durch eine Scripturzeile, zwischen welcher, bezw. dem Conscript, und der Datirung sowohl Zeugen aufgeführt sein als fehlen können. Ist ersteres der Fall, so kann die Erwähnung der Zeugen allgemein ohne Namennennung oder auch in Form einer Zeugenliste erfolgen; letzteres ist als das regelmässige zu betrachten. Für ersteres verweisen wir auf die Urkunde Urbans II. wegen Lyon (J. 4192), wo an dem genannten Orte steht: „Interfuerunt autem definitioni huic archiepiscopi diversarum provinciarum numero duodecim cum episcopis octoginta, abbatibus nonaginta et eo amplius". Ist die Eintragung der Zeugen eine persönliche, so begegnen wir zunächst ganz der Art, wie wir sie bereits haben kennen gelernt. Sowohl dem Kreise der Zeugen nach, als auch in deren Eintragung unterscheidet sie sich von dem der Privilegien, der Kreis ist weiter, die Eintragung willkürlicher. Nehmen wir zunächst die päpstliche Unterschrift, so finden wir deren Formel erweitert durch „hoc iuditium ratum habeas" (J. 4810) oder durch „firmavi et" (subscripsi) (J. 4821), unter Calixt II. haben wir vereinzelt noch „laudans ss" (J. 5090, Robert, Etude No. 348, Arezzo)[1]; sonst findet sich die Privilegienformulirung. Aehnlich so geht es mit den eigentlichen Zeugenunterschriften, sie zeigen sich unter Paschalis erweitert durch „interfui et, huic definitioni interfui et, laudavi et", einmal (J. 4810) haben wir: „Ego Aldo diaconus cardinalis venerabilis diaconii SS. Sergii et Bachi subscripsi". Auch unter Calixt II. begegnen wir noch „huic iudicio interfui et, interfui iudicio et, interfui et, interfui et consensi (et), consensi et consentiens ss", es figuriren noch der Zusatz „index datus" (J. 5090), noch Aebte, ein Magister (J. 5073a), viele fremde Bischöfe, der von Tarragona einmal als „dispensator" (J. 4932). Im Ganzen jedoch treten die Kardinäle mit streng formulirten Unterschriften immer entschiedener hervor, eine Entwickelung, die sich unter Honorius fortsetzt, unter dem wir jedoch vereinzelt auch noch „interfui, consensi et ss", Kardinalsubdiakonen, und einen „clericus" (J. 5242) finden, selbst einmal „Ego Petrus prefectus urbis Rome confirmo hanc sententiam ss" (Arezzo), bis die Unregelmässigkeiten allmählig ganz aufhören und damit die Judikatsbulle der Privilegienbulle entspricht. Schon früher hat sich dies mit der unbezeugten vollzogen, als deren bestes Beispiel die Urkunde Urbans II. für Monte Cassino vom Dezember 1098 dürfte anzusehen sein (J. 4282), welche schon durch ihre knappen Conscriptschlussformeln und erweiterte Scriptumzeile zeigt, wie sie ausserhalb der Gruppe der grossen Privilegien steht. Noch mehr tritt dies im J. 4333 hervor, wo eine Scriptumzeile fehlt, und das Conscript nur Arenga und Narratio umfasst; hier ist in die letztere eine längere Zeugenliste

---

[1] Wohl alle Uebergangsbullen.

eingeschoben, das ganze Verhältniss also verdreht. Ein Beweis, wie grossen Spielraum man in der Formulirung hatte. — Leider ist das Material an Originalen zu gering, um sicher sagen zu können, wann auch äusserlich Judikats- und Prunkbullen zusammenfallen, d. h. wann jene mit Rota und Monogramm versehen werden. Weder das oben genannte J. 4282 noch 4702 führen die Zeichen und in Calixt II — Arezzo hat es sich ebenso verhalten, die erweiterte Papstzeile wurde durch ein Chi-Rho-Zeichen eingeleitet, doch scheint unter diesem Papste und seinem Nachfolger die entscheidende Wandlung vor sich gegangen zu sein.

Nach einer anderen Richtung abzweigend, als die bisher besprochenen Schriftstücke, ist das, welches Paschalis 1107 wegen Aurillac und Monsalès ausgestellt hat (Acta I Nr. 103), dieses gehört zu den unfeierlichen Bullen schmuckloseste Art. Der Vorrahmen enthält blos eine Nominatio, das Conscript gleich mit der Narratio einsetzend, bringt nur noch eine kurze Dispositio und Comminatio, der Schlussrahmen nichts als eine Datumzeile, bestehend aus „Datum", Ort, Tag, Indiktion, Inkarnation, also eine solche, die zwischen grosser und kleiner Formel steht. Hatten wir in den oben besprochenen Actenstücken diejenigen, welche sich allmählig in die gewöhnliche Bulle auflösen, so haben wir hier den Vorläufer jener Judikats-Breven, welche sich, wie dort die Bullen, im Aeusseren durch nichts Besonderes auszeichnen.

IV. Synodalien.

Synoden und die dort vorgenommenen Dinge veranlassten Schriftstücke verschiedener Art; solche, worin die gefassten Beschlüsse einfach formell niedergelegt wurden: eigentliche Synodal-Acten; solche, worin die Beschlüsse oder ein Theil derselben in Briefform gewissen Empfängern mitgetheilt wurden: Synodalzuschriften; solche, welche ein einzelner Vorgang auf der Synode veranlasste, womit das Ergebniss desselben und die dadurch erzielten Rechte und Ueberweisungen verbunden wurden: Synodal-Bullen.

Bei letzteren besteht der Vorgang gewöhnlich in einer Bitte um Privilegirung und dergl., doch zog man naturgemäss auch andere Dinge in den Kreis dieser Formulirung, sobald nur das Ergebniss eine Privilegirung war, z. B. eine Klage oder Streitigkeit, und die darüber stattgehabte Synodalverhandlung (z. B. J. 2976, 4192, 3995, Robert, Etude Nr. 348), die Einweihung einer Kirche vor grosser geistlicher Versammlung. Selbst eine Kanonisation konnte in dieser Form niedergelegt werden, sobald die deswegen stattgehabten Synodalvorgänge mit dargethan wurden (z. B. J. 2945); die Ertheilung der Kanonisation hatte dann als die Privilegirung zu gelten. Ihren Aeusserlichkeiten nach gehören die Synodalbullen zur Gruppe der grossen Bullen, um sie jedoch in ihren Besonderheiten möglichst scharf zu kennzeichnen, reihen wir sie hier ein.

Synodal-Bullen.

Die feierlichen Synodalbullen gehören wesentlich dem zehnten Jahrhunderte an. Man kann sie in zwei Klassen zerlegen: 1) in solche, welche von den Theilnehmern der Synode unterzeichnet sind, und 2) in solche, wo dies nicht der Fall ist. Die letzteren entsprechen in ihrem Aeusseren den gewöhnlichen feierlichen Bullen, ihrem Inhalte nach den unterzeugten Synodalien, so dass auf sie nicht besonders eingegangen zu werden braucht, sondern das Wissenswerthe gelegentlich eingereiht werden kann. Für die unterzeugten mag als Schema dienen die Urkunde Johannes XIII. für Benevent (J. 2866).

Der Vorrahmen besteht aus der Nominatio, woran sich die Adresse in voller Bullenform schliesst,[1]) die jedoch auch fehlen kann (z. B. Stumpf Reichsk. S. 16), bisweilen haben wir auch eine Invokation zu Anfang z. B. in J. 2850, 3229, doch sind die Schriftstücke nicht gut genug erhalten, um über ihre Ursprünglichkeit urtheilen zu können.

Das Conscript bringt 1) ausführliche Arenga, vom allgemeinen auf den besonderen Fall übergehend, 2) Narratio, enthaltend bestimmte Angaben über das stattgehabte Konzil und das auf demselben für Benevent Vorgenommene, 3) Dispositio, die Verfügung in ihren Einzelheiten, 4) Corroboratio, 5) Comminatio, 6) Benedictio, 7) Apprecatio. Im Einzelnen können natürlich Aenderungen eintreten, so, dass die Arenga nur kurz ist, dass zu ihr noch eine Publicatio tritt, bezw. sie durch eine solche ersetzt wird, die wie

---

[1]) Der Mangel einer Verewigung beruht wohl nur auf ungenügender Abschrift, doch sehen wir sie allerdings auch noch sonst fehlen.

in Johann XIII. - Ferrara (J. 2850) nur aus zwei Worten „Denuntiantes mandamus" oder wie in Johann XIII. - Magdeburg (J. 2847) aus ihrer drei: „Notum esse volumus" zu bestehen braucht. Fehlt eine Adresse, so kann die Publicatio durch Adressaten Weiterungen erfahren, ja, es kann gleich mit der Narratio begonnen werden, wie in Johann XV. - Augsburg (J. 2945). Auch am Schlusse können Aenderungen eintreten. In Johann XII. - Magdeburg (J. 2832) sehen wir die Benedictio persönlich auf Kaiser Otto angewendet. Dann ist beachtenswerth Johann XIII. - Ferrara, wo hinter der Comminatio die Zustimmung der Anwesenden mit „Fiat! Fiat" und alsdann die Mentio testium mit „Quorum nomina" etc. eingetragen ist, doch da diese ganze Urkunde nicht in besonders zuverlässiger Gestalt überliefert erscheint, so fragt sich, wie viel darauf zu geben. Noch eigenthümlicher ist der Schluss von Benedikt VII. - Magdeburg (J. 2915), hinter der mit der Corroboratio verbundenen Comminatio: „Hoc autem praesens privilegium nostra proprium, omnium comprovincialium episcoporum subscriptione firmatum, per nostri secretarii legatos episcopis Galliae et Germaniae dirigimus confirmandum, ut quae Magdeburgensi collata sunt ecclesiae, propria subscriptione confirment". Ein ähnlicher Zusatz findet sich J. 2911 (vergl. auch oben „Zuschriften"). Von den übrigen Theilen des Conscriptes ist neben der bisweilen sehr ausführlichen Dispositio, die Narratio am meisten beachtenswerth, mit ihrem möglichst in den Vordergrund gestellten Konzilberichte.

Der Schlussrahmen besteht in unserer Beneventaner Urkunde aus: 1) Scriptumzeile, enthaltend Namen und Prädikat des Schreibenden, Monat ohne Tag, und Indiktion, also aus den Theilen der Scriptumzeile feierlicher Bullen; 2) Unterzeichnungen der Theilnehmer, voran der Papst, dann der Kaiser und die Uebrigen. Die Unterschrift des Papstes lautet: „Ego Johannes sanctae catholicae et apostolicae Romanae ecclesiae XIII. papa in hoc privilegio, a nobis promulgato, manu propria subscripsi", die des Kaisers „†† Signum domni Ottonis piissimi imperatoris", die der folgenden Zeugen enthalten den Namen mit Prädikat und bisweilen geringen Zusätzen, wie „humilis", am häufigsten „consensi et subscripsi", oder auch nur „consensi" oder „subscripsi". Den Schluss bildet die grosse Datumzeile, nach Bullenart mit Pontifikats- und Kaiserjahren. Auf den Originalen wird auch nach Bullenart unter oder neben der Scriptumzeile das Bene valete gestanden haben (vergl. Stumpf Reichsk. S. 18, von mir gleichfalls im Staatsarchive von Marburg eingesehen und kopirt). Dem hier gegebenen Schema schliessen sich die übrigen unterzeugten Synodal-Bullen, soweit sie ausreichend oder glaubhaft überliefert sind, im Wesentlichen an. Wie überhaupt bei Bullen kann die Scriptumzeile fehlen, die Unterschriften können verschiedenartig gestaltet werden, zumeist die des Papstes, wobei am bemerkenswerthesten, dass an die Stelle von papa „episcopus" tritt und die Ordnungszahl wegbleibt. Zu beachten ist auch, dass wir die päpstliche Signatur einigemal ganz fehlen und dadurch die der Kaiser, wenn sie anwesend waren, an die Spitze treten sehen (Stumpf S. 18 und J. 2854).

Im 11. Jahrhunderte ist die Formulirung der Synodalbullen im ganzen lockerer geworden, bisweilen dem Privilegium näher gerückt, bisweilen aber auch nicht. Die Adresse wird wiederholt an alle Christen gerichtet (J. 3147, 1387), die Arenga mitunter kurz und allgemein gehalten, worauf mit „Quapropter" (z. B. J. 3165) u. dgl. die Narratio, oder mit dem gleichen Worte eine Promulgatio eintreten kann, der dann die Narratio folgt (z. B. J. 3050). Doch nicht immer steht die etwa angewendete Promulgatio hier voran, sie kann auch mit der Corroboratio verbunden nach hinten gedrängt werden, namentlich hinter die Narratio, wo es dann heisst: „Ut vero quod actum est omnibus innotescat, placuit nostris apostolicis litteris adnotari et tam praesentibus quam futuris intimari" (J. 3147). In der Narratio pflegen die Angaben über die Synode weniger bestimmt formulirt zu sein (am meisten nach alter Weise noch J. 3187), über die Vorgänge kann kurz weggegangen werden, selbst in soweit, dass es nur heisst, mit Zustimmung der Anwesenden sei das und das bewilligt; oder es kann auch umständlicher dargelegt werden, was namentlich geschieht, wenn es sich um Vorgänge mehr gerichtlicher Natur oder dergleichen handelt. Auf die Narratio folgt gern eine Art Corroboratio, worin gesagt wird, dass das in der Narratio Dargelegte zum Gedächtniss schriftlich aufgezeichnet sei (J. 3147, 3187), häufiger fehlt diese und die Dispositio beginnt mit ihren Verleihungen, oft in Privilegienart die einzelnen Dinge aufzählend, bisweilen auch nur kurz die etwaige Entscheidung einer Synode sanktionirend (z. B. J. 3147), hie und da zu den Verleihungen noch Zeitangaben bringend (J. 3050), wie wir sie hier ebenfalls in Privilegien finden. Die Schlussformeln können ganz denen der Privilegien entsprechen, dürfen aber auch nicht unerheblich abweichen, z. B. wenn sie, wie in dem Erlasse Leos IX. für Besançon (J. 3187) nur aus einer Corroboratio bestehen: „Hanc vero paginam ... propriae manus subscriptione et ipsi corroboravimus et augusta manu coepiscoporum nostrorum, qui ibi affuerant, propriis subscriptionibus confirmari iussimus ad laudem dei et domini nostri Jesu Christi", diese Corroboratio folgt, obwohl vorher, vor der Dispositio, schon eine andere mit der Niederschreibung der Verhandlungen angewendet war. Gar keine Schlussformel zeigt der Erlass Clemens II. für Ravenna-Mailand (J. 3147), doch ist derselbe offenbar ungenügend überliefert. Die Unterfertigungen können bestehen aus Scriptumformel, Datumformel und Zeugenliste, welche jede einzeln aber auch fehlen darf, so dass die Zeitangaben nur durch eine Scriptum- oder eine Datumzeile mitgetheilt werden, ganz den Privilegien entsprechend. Der Regel nach steht die Scriptumzeile gleich unter dem Conscripte, die Datumzeile unterhalb der eventuellen Zeugenliste, doch weist Leo IX. - Porto (J. 3165) die Datirung vor den Zeugen auf, wenn hier nicht Unordnung der Ueberlieferung obwaltet. Bezüglich der Zeugen gilt das bereits früher Gesagte, sie werden wesentlich bedingt durch die Theilnahme an der Synode, es sind entweder nur Bischöfe (J. 3161, 3165, 3187) oder Bischöfe und niedere Kleriker (J. 3175 brauchbar?, 3209), weltliche sowohl als regulare, wobei die Bischöfe stark hervorzutreten pflegen, eine Thatsache, die sich ziemlich während des ganzen 11. Jahrhunderts auf Synodalbullen behauptet. Die Unterschriften der Zeugen dürfen einfach aus (Ego), Namen, Prädikat und „subscripsi" bestehen, können geringe Eweiterungen durch „interfui, quamvis indignus" und dergleichen erhalten, wir sehen sie aber auch anschwellen zu: „Ego Halmardus Lugdunensis ecclesie indignus archiepiscopus in prescripta synodo residens salva priscorum constitutionum firmitate et Lugdunensis ecclesie auctoritate hoc decretum laudavi manuque propria roborans subscripsi" (J. 3161), wenn diese Urkunde nicht noch einer genaueren Prüfung bedürftig wäre. Letzteres gilt auch von der Leos IX. für Montier-en-Der (J. 3175), welche mit einer Invokation beginnt und weder Datum noch Scriptumzeile hat.

Schon unter den zuletzt besprochenen Aktenstücken haben wir solche mit eingereiht, die eigentlich keine reine Synodal-, sondern eine Verbindung von diesen und Judikatsbullen sind. Ein besonders beachtenswerthes Beispiel dieser Art liefert uns Gregor V. in seiner Urkunde für Vich (J. 2976). Sie entspricht in ihren Theilen den gewöhnlichen Bullen, nur dass die Narratio den Synodalbericht, die stattgehabte Gerichtsverhandlung, das Urtheil, dessen Vollzug, in breiter Darlegung vorführt, woran sich alsdann die Dispositio, das Privilegium für den Berechtigtbefundenen reiht, gefolgt blos von einer Comminatio. Die Unterfertigungen bestehen aus der Scriptumzeile, den Zeugen, theilweise mit auf die Synodalvorgänge bezüglichen Erweiterungen, z. B. „qui deposuit Guadaldum". Wie auch bei anderen Urkunden bis auf Leo IX., fehlt die Unterschrift des Papstes, die des Kaisers steht nicht wie sonst üblich als erste, sondern als letzte.

Die Datirung enthält Pontifikatsjahr, Kaiserjahr, Monat ohne Tag und Indiktion, durch kein Wort wie Datum oder dergleichen eingeleitet, wenn dies nicht der Mangelhaftigkeit des Druckes zugeschrieben werden muss. Unter den Zeitangaben steht noch „Johannes praefectus et comes palatii atque dativus iudex", was als nachgetragene Zeugensignatur, aber auch als Art von spezieller Beglaubigung angesehen werden kann, wie wir sie in den Judikaten am Schlusse fanden.[1]

Leider weniger vollständig überliefert ist ein anderes hieher gehöriges Schriftstück, vom Gegenpapste Clemens III. (Wibert) für Ravenna ausgestellt (J. 3995); es enthält: Nominatio und Adresse, Arenga, Narratio: die Synodal- und Streitverhandlungen zu Gunsten Ravennas bringend, die Publicatio: „Ut vero quod actum est omnibus innotescat, placuit nostris litteris apostolicis adnotari et tam praesentibus quam futuris intimari", woran sich eine Art Corroboratio schliesst: „ut tanto firmius valeant credi, quanto constat de nostro ore audiri", es folgt die Dispositio in Form eines Verbots an die Rivalen Ravennas: Mailand und Aquileja, woran sich die Comminatio reiht, um von dem positiven Theile der Dispositio, die Verfügung für Ravenna, gleichsam eingefasst zu werden. Der Schluss ist leider verstümmelt, er bringt jetzt mit „per manum" Namen und Prädikat des schreibenden Beamten, ohne die Einleitung durch „Scriptum", und alsdann Bene valete.

Wir sagten schon, dass wir es in diesen Schriftstücken mit Verbindung zweier verschiedener Arten zu thun haben; wollte man

---

[1] In den Bullen mit Gerichtsverhandlungen findet sich der römische Präfekt als höchster Justizbeamter) überhaupt öfter (vergl. z. B. unten S. 61), während er auf gewöhnlichen, meines Wissens, stets fehlt.

diese Vereinfachung nicht eintreten lassen, so stellte man zwei Urkunden aus, eine Synodal-Bulle und ein Judikat, wie z. B. Johann XIII. für Magdeburg (Boysen, Allg. Magazin I. S. 194, 197).

In den Kreis der besprochenen Bullen gehört auch eine andere von Clemens III. für Ravenna vom Jahre 1086 (J. 3997). Dem Privilegiumvorrahmen reiht sich an: eine Arenga, eine Narratio mit ausführlichen Konzilsangaben, welche bis zur Nennung der einzelnen Theilnehmer geht. Die Dispositio ist kurz, Comminatio und Corroboratio folgen, letztere lautend: „Quod ut certius credatur et ab omnibus diligentius observetur sigillo nostro praesentes litteras statuimus roborari", welche an die bereits oben gegebene Erwähnung der Unterschriften erinnert. Der Schlussrahmen besteht aus einer Actumzeile mit „Acta sunt haec Ravennae in plenaria synodo" etc. Inkarnationsjahr, Kaiserjahr, Indiktion und Tag.

Etwas Aehnlichem und doch wieder Eigenartigem begegnen wir schon früher in der Bulle Johanns XIII. für Salzburg (J. 2849). Die Erwähnung der Synode ist hier in die Adresse eingeschoben. „omnibus... apud sanctam synodum Ravennae nobiscum aggregatis". Das Conscript beginnt mit der Publicatio, gerichtet an die auf der Synode Anwesenden. Es folgt die Dispositio, worin der Papst darlegt, dass die erzbischöfliche Würde von Salzburg nicht Herold, sondern Friedrich zustehe, wesshalb er sie dem letzteren festigt (Dispositio), endlich bittet er die Anwesenden, dies zu sanktioniren. Nun kommen die Unterschriften, voran die erweiterte des Papstes, dann die Ottos und darauf die der übrigen Theilnehmer. Den Schluss bildet eine Actumzeile, enthaltend nur Ort, Tag (VII. Kal. Maii), Namen mit Prädikat, Monat (in mense Aprili), Indiktion und „in praesentia omnium sanctorum episcoporum".

Zu den Synodalbullen müssen wir nun aber auch noch einige solche rechnen, bei denen ein wirkliches Konzil nicht Statt gefunden hat. Zunächst tritt uns entgegen der Erlass Leos IX. für Agaune (J. 3229), der jedoch, wie wir bereits oben angaben, nicht ausreichend zuverlässig überliefert ist. Er wird eingeleitet durch eine Invocatio, es folgt die umschweifige Nominatio, die Arenga, Publicatio, Narratio, Dispositio, Comminatio, die Unterschriften, die des Papstes stark erweitert. Mit einem eigentlichen Konzile haben wir es hier nicht zu thun, aber mit etwas, was demselben ziemlich gleichkommt, nämlich, dass in Gegenwart mehrerer namhaft gemachten Prälaten dem Papste vorgetragen ist „Luctuosa miseriarum sarcina, illius loci canonicis illata, privilegii tamen auctoritate ante prohibita". Der Papst kassirt das „inauditum facinus" und privilegirt das Kloster.

Ferner rechnen wir zu dieser Gruppe die Urkunde Benedikts VIII. für Besalu (J. 3066). Im Vorrahmen und Conscripte der grossen Bulle entsprechend, ist in der Narratio, welche auf eine Publicatio folgt, ausführlich das Ansuchen mehrerer spanischer Grafen dargelegt, das Bisthum Besalu gründen zu dürfen, und dafür Guifred als Bischof zu ordiniren, was beides der Papst bewilligt, letzteres mit der Wendung: „teque Guifredum episcopum in eadem eorum petitione consecravimus", woran sich die Privilegirung reiht. Der Schlussrahmen besteht aus Scriptumzeile, acht Zeugenunterschriften und Datumzeile. Der erste Zeuge schreibt: „Petrus ecclesiae Sutrinae episcopus his omnibus consensit et subscripsit". Offenbar hat auch hier eine Berathung stattgefunden, nur dass die Zusammenkunft der Geistlichen nicht eigens erwähnt ist.[1]

Das beregte Verhalten dem Ordinirten gegenüber führt zu eigentlichen Konsekrationsbullen hinüber. Auch sie gehören hieher, in sofern eine Kirche vor feierlicher Versammlung geweiht und ein Schriftstück darüber aufgenommen ist, welches die der Kirche gewährten Vergünstigungen enthält. Solche besitzen wir mehrere, von Nikolaus II. in Florenz erlassen (J. 3349—3352). Der Vorrahmen ist der gewöhnliche der Privilegien. Der Context besteht 1) aus einer längeren Arenga, 2) einer Narratio, worin die Vornahme der Kirchweihe erzählt wird, zweimal mit „episcoporum aggregato coetu", 3) die Narratio kann abgeschlossen werden durch Aufzählung der feierlichen Umstände, unter denen die Privilegirung erfolgt, Ermahnung der Brüder, Anwesenheit des Volkes etc. Ja, die Kirchweihe kann in der Narratio ganz fehlen und nur die feierlichen Umstände bleiben (J. 3351[2]), an welche sich dann 4) die Dispositio schliesst, gefolgt 5) von der theilweise sehr feierlichen Comminatio, in welcher die anwesenden hohen Geistlichen namhaft gemacht und neben der Kirchen- eine Geldstrafe verfügt werden darf. Die Formu-

---

[1] Mit dem bedenklichen J. 3038 lässt sich nichts recht machen.
[2] Doch muss bemerkt werden, dass diese Urk. nicht im Orig., sondern nur in einem Vidimus des 13. oder 14. Jahrh. erhalten blieb, welches die Zeichen eines Orig. bis zu einem gewissen Grade nachbildend, völlig unkanzleimässige Rota und Monogramm und auch sonst bedenkliche Aeusserlichkeiten zeigt.

lirung ist alsdann: „Si quis ergo... quod in conspectu episcopi... iuste stabilivimus conatus fuerit infringere". Vereinzelt steht auch 6) eine Benedictio, stets 7) eine Corroboratio, etwa wie: „Preterea, ut haec pagina fidem legentibus astruat, et propriae manus subscriptione et apostolici sigilli munire studuimus impressione"[1], letzteres, die Erwähnung des Siegels, kann auch fehlen. Den Schlussrahmen bilden, neben den Unterfertigungszeichen, die Zeugenliste, in der die Signatur des Papstes sowohl stehen als fehlen kann, und die Datumzeile, in jenem Falle, wo die Kirchweihe nicht in der Narratio angegeben war, durch dieselbe erweitert, anknüpfend mit: „Quo videlicet die.... sunt consecrata"[2]. Die feierliche Haltung dieser Bullen ist theilweise auch auf andere des Papstes Nikolaus übertragen, so auf die für St. Thomas (J. 3355) mit einer feierlichen Interventionsangabe im Conscripte und Zeugen über dem Datum, auf die für Ampiglione (J. 3345) mit Corroboration und Siegelangabe am Conscriptschlusse, oder auf die für St. Peter Agerensis (J. 3354), deren Schlussrahmen aufweist: Scriptum, Datum mit Ort, Tag, Inkarnation und Pontifikat, Zeugen und abermaliges Datum, jetzt mit Ort, Tag (einen später, als die vorige Angabe), Inkarnation, Datar mit Prädikaten, Pontifikat und Indiktion. Dieses wäre somit die eigentliche grosse Datirung, jenes entspräche mehr dem Actum.

Aus dem ganzen Verlaufe des Dargethanen ergiebt sich, wie wir es in den Synodalbullen mit einer nach keiner Richtung hin fest abgegrenzten Gruppe zu thun haben, einerseits geht sie in die der Judikats-, andererseits in die der Privilegienbullen über. Die zuletzt genannte Art von Schriftstücken erweist sich als diejenige, welche allmählich die anderen beiden in sich aufnimmt, nur dass eben die besonderen Thatsachen noch besondere Ausdrücke verlangten. In Urban II.-Monopoli (J. 4064) ist in der Narratio von dem Konzile zu Benevent und dem dort stattgehubten Gerichte erzählt, in Calixt II.-Cheminon (J. 4976) von dem zu Beauvais, dessen anwesende Mitglieder sogar genannt werden. In einer anderen von Calixt II. vom 28. Dezember 1121 (J. 5073) sehen wir das Conscript nur bestehen aus Publicatio (Notum sit omnibus etc.), Narratio, anknüpfend mit „quod", enthaltend genaue Zeitangaben

---

[1] J. 3349, Orig. im Arch. di Stato zu Florenz (vergl. auch Kaltenbrunner Pabsturk. S. 9).

[2] S. Note 2 pag. 69 unten.

über die Reise nach Süd-Italien und die auf derselben vorgenommene Kirchweihe, woran sich die Dispositio reiht, abgeschlossen durch eine Benedictio. Die Zeugenliste enthält die lange Reihe der bei der Kirchweihe Anwesenden, darunter allein 24 Bischöfe. Die Datirung ist die grosse des Privilegiums.

Die mehr oder weniger stark hervortretenden Verschiedenheiten, namentlich die grössere Feierlichkeit und Umständlichkeit der Synodalbulle, welche sich am augenfälligsten in der Narratio, der Zeugenliste und einzelnen Besonderheiten äussert, die freiere Beweglichkeit seiner Theile sind jetzt vorüber; die ganze Eintheilung der Schriftstücke hat nach blossen Aeusserlichkeiten vor sich zu gehen, ob es eine Rota hat oder nicht u. dergl. Das am leichtesten erkennbare äussere Moment von Synodal- und den ihnen so nahe verwandten Judikats-Bullen, welches auch am längsten bestehen bleibt, sind die willkührlichen, mannigfacheren, dem Kreise nach oft umfangreicheren Zeugenlisten. — Bis zu einem gewissen Grade, aber doch nicht eigentlich, gehören in den Kreis der besprochenen Schriftstücke auch die, wo in einem Nachtrage die Antheilnahme eines Konzils an der Beurkundung gedacht wird. Weil wir es darin jedoch mit gewöhnlichen Bullen zu thun haben, deren Inhalt und Formulirung ganz von dem Konzile oder der Kirchweihe absieht, so ist hier nicht der Ort, näher auf sie einzugehen. Wir werden vielmehr am Schlusse dieser Abhandlung kurz von Nachträgen im Allgemeinen handeln.

Synodal - Zuschriften.

In den Synodal-Zuschriften oder -Briefen wird einer Person, einer Gruppe von Personen, oder allen Gläubigen briefliche Mittheilung von den auf einer Synode gefassten Beschlüssen gemacht. Demnach entspricht der Rahmen dieser Schriftstücke auch dem der Breven, nur dass die Datirung bisweilen ausführlicher ist. Wir haben solche, worin die Briefform weiter geführt, welche persönlich gehalten sind (z. B. Jaffé, Bibl. III. p. 351), und solche, in dessen Conscript von allem Persönlichen abgesehen, nur die Synodalbeschlüsse, oder ein Auszug derselben gegeben wird (vergl. z. B. Mansi Coll. XIX. p. 873); wir begegnen anderen, worin die Canones von den Theilnehmern der Synode wirklich oder angeblich unterzeichnet sind, bezw. wo die Unterschriften in der Art, wie sie erfolgten, aufgenommen wurden (z. B. Theiner Disquis. Crit. p. 203, J. 3332).

sonstigen, wo nur allgemeine Angaben über die Zahl der Theilnehmer u. dergl. gemacht sind, oder gar, wo Anfangs die Unterschriften wörtlich gegeben und es alsdann heisst, „so auch die übrigen Anwesenden" u. s. w. (vergl. Gregorii M. Opera ed. Bened. II. p. 1294, Nr. 4 App.). Kurz auf die einzelnen Bestandtheile eingehend, zeigt sich an die Nominatio die Adresse gereiht mit der Heilformel. Nur selten besteht der Vorrahmen aus der Nominatio allein, wo dann gern die Adresse, bezw. die Adressaten in die Promulgatio gerückt sind. „Notum esse volumus omnibus catholicis" etc. (z. B. J. 2911). Das Conscript beginnt gewöhnlich mit einer Arenga, bald allgemein, bald persönlich gehalten, auf welche alsdann die einzelnen Canones folgen können. Bisweilen knüpft man an die Arenga noch eine Narratio, worin etwa Angaben über das stattgehabte Konzil gemacht werden, oder man begann sogleich mit einer Narratio (z. B. J. 4039), oder ersetzte die Arenga durch eine Promulgatio. Die Canones werden auf den schon angegebenen verschiedenen Arten dargelegt, bald ohne Einleitungsworte, bald mit solchen: „Placuit sanctae synodo, ut; constituit etiam, ut; primo namque inspectore deo est statutum" etc., bald mit einfacher Aufzählung „Primo, secundo" etc. Die Schlussformeln des Conscriptes sind sehr mannigfaltig: sie können bestehen aus Comminatio und Benedictio (z. B. J. 2911), letztere fehlt gewöhnlich und erstere ist gern ermahnend gehalten (z. B. J. 3332), oder es ist nur ermahnt und daran die Benedictio geknüpft (z. B. J. 4031), dem es schon nahe kommt, wenn gebeten wird, jeder in seinem Kreise möge den Beschlüssen zustimmen (Jaffé, Bibl. III. p. 352), oder eine bestimmte Person sei ausersehen, die Beschlüsse zu überbringen (J. 2911).

Der Schluss kann auch ganz kurz und persönlich gewandt sein, wie „Ipse misericordia sua nos confirmet ac protegat et ad coelestia regna perducat. Amen" (J. 4039). Noch auf Anderes einzugehen erscheint unnöthig, man sieht eben, eine feste Durchbildung fehlt. Conscripte ohne Schlussformel allerdings scheinen durchweg auf mangelhafter Ueberlieferung zu beruhen und ebenso solche ohne Unterfertigungen. Wenigstens eine Datirung darf wohl in den meisten Fällen als regelmässiger Bestand angesehen werden, wenn auch der Mangel derselben auf älteren Breven in Erwägung zu ziehen ist. Eine Scriptumzeile kommt nicht vor. Bezüglich der persönlichen Zeugensignaturen gilt das bei der Synodalbulle Gesagte namentlich die des Papstes ist bisweilen stark erweitert.

Synodal-Akten.

Die eigentlichen Synodal-Akten zerfallen in zwei Arten: in solche, wo aus der Synode heraus und in solche, wo von ihr berichtet wird; oder mit anderen Worten: in solche, die den ganzen Wortlaut des auf der Synode Beschlossenen geben, und solche, die sich mit einer Angabe des Inhalts oder Hervorhebung einzelner Theile jener Beschlüsse begnügen, d. h. also meistens, sie zerfallen in officielle Synodal-Akten und in Synodal-Referate.

Die Akten sind eine Gattung von Urkunden, die sowohl ihrer Art als ihrem Aeusseren nach den Judikaten nahe stehen. In ihrer vollen Form pflegen sie zu enthalten: 1) Invokation, 2) specialisirte Zeitangaben, 3) Ortsangaben, 4) Angaben über die Theilnehmer oder Aufzählung derselben, wobei zu bemerken, dass Nr. 3 und 4 verbunden sein können, 5) Darlegung der die Synode einleitenden oder begleitenden Umstände, 6) die Beschlüsse, 7) die Unterschriften der Betheiligten. Im Einzelnen sind auch hier Verschiebungen, Verbindungen, Zusätze oder Weglassungen zulässig; so finden wir z. B. in dem römischen Konzil Gregors V.: 1) Invokation, 2) Kundmachung, 3) Angabe über die Theilnehmer, 4) Ort, 5) Zeit, 6) Beschlüsse, 7) Unterschriften (D'Achery, Spic. I. p. 603).

Die Referate sind weniger feierlich. Als ihre Theile sind zu nennen: 1) Zeit- und Ortsangaben, 2) Angaben über die Theilnehmer, gewöhnlich allgemein gehalten, 3) allgemeine Angaben, was auf der Synode vorgenommen, 4) Spezielle, oft bis auf den Wortlaut inne gehaltene Darlegung der hervorgehobenen Beschlüsse, etwa mit „inter cetera quae ibi gesta sunt" u. dergl. eingeleitet. Namentlich Nr. 2 und 3 können fehlen, ebenso die genaue Aufführung von Tag und Ort, sie können jedoch auch am Schlusse nachgetragen oder theilweise wiederholt sein (z. B. Jaffé, Bibl. II. p. 404), wo es jedoch schwerlich ursprünglich, sondern der allgemeinen Anlage des Registrum anzurechnen ist (vergl. unten S. 47 Anm.). Wie sich nur einzelne Synodalbeschlüsse besonders hervorgehoben finden, so hat man sie auch alle aufgezeichnet (z. B. Jaffé, Bibl. II. p. 332), ohne dass darum das Schriftstück zu den Akten gezählt werden dürfte. Dem Gutbefinden des Schreibenden war hier ein weiter Spielraum gelassen.

Auch das in seiner Art interessante Schriftstück über die Wahl Gregors VII. gehört hieher (Jaffé, Bibl. II. p. 9), es enthält:

1) Zeitangaben, eingeleitet durch „regnante domino nostro Jesu Christo", enthaltend Inkarnationsjahr, Indiktion, Lunen, Tag, Feria, Begräbnisstag Alexanders II.; 2) Erzählung der Wahlvorgänge, eingeleitet durch „ne sedes apostolica diu lugeat". Erzählung und Angabe der Theilnehmer sind kurz und wenig bestimmt, die Betrachtung über den Werth des Erwählenden sehr subjectiv und lang; 3) Schlussdatirung nach Brevenart, wovon das oben Gesagte gilt. Ueberhaupt ist diese Urkunde sicherlich in der überlieferten Form nicht das ursprüngliche Wahlprotokoll, sondern ein später zum Zwecke der Publicirung, in ungefähr officieller Form abgefasstes.

Nachträge in Urkunden.

Vergesslichkeit oder besondere Umstände konnten bewirken, dass Nachträge in die päpstlichen Erlasse nöthig wurden. Wenn dieselben am Schlusse des Conscriptes, womöglich vor die Apprecatio gesetzt, so fallen sie nicht weiter auf und bieten nur in dem einzelnen Falle Interesse, anders jedoch, wenn die Nachträge an den Schluss der fertig gestellten Urkunde zu stehen kommen, oder gar derartig sind, dass sie das ganze Aeussere des Schriftstückes beeinflussen. Dies ist der Fall bei Urban II. — St. Gilles (J. 4147), wo die Datirung unmittelbar an das Conscript gerückt und daran gereiht ist: „Relecta vero et confirmata in concilio, quod idem papa Placentie celebravit". Es folgen nunmehr die Unterschriften der Theilnehmer an der Synode bis hinab zu den Aebten, um mit einer abermaligen 2½ Halbzeilen füllenden Bekräftigung zu schliessen. Weniger ausgedehnt ist der Nachsatz Urban II. — Arras (J. 4124). Hier heisst es nach der vollen Datumformel: „Recitatum est autem hoc privilegium in Claromontensi concilio ex praecepto domni Urbani II., cui ipse praesedit et cum eo cardinales Romani, archiepiscopi XIII, episcopi CCXXV, abbates vero XC et eo amplius, exceptis honestis et religiosis diversarum regionum et provinciarum clericis et laicis, et intente et sub magno silentio ab omni concessu concilii audita collaudatum et confirmatum est IV. Kal. Decembris, indictione IV, anno dominicae incarnationis MXCV, pontificatus autem domni Urbani papae II". Sowohl in diesem als in dem vorhergenannten Falle kann die Niederschrift des eigentlichen

Privilegiums früher erfolgt sein, die letzte Beglaubigung und endgültige Bekräftigung ist aber erst durch das Nachwort geschehen.

Bei beiden ist die Einwirkung der Judikatsbullen offenbar, zu denen erstere auch inhaltlich bis zu einem gewissen Grade gehört. Anders z. B. verhält es sich mit dem Privilegium Urbans II. für Ripoll (J. 4033). Hier folgt auf die Datirung eine Angabe über das Konzil von Tonlouse mit dem dort zu Gunsten von Ripoll gefällten Spruche und darauf ein förmliches Breve des auf der Synode anwesenden Legaten Rainer zu Gunsten von Ripoll. Auch die eine Konsekrationsbulle Nikolaus II. ist hieher zu rechnen (J. 3351), wo dem Datum eine Angabe über die Weihe von zwei Altären durch Bischof Humbert unmittelbar angefügt worden (vergl. unten S. 70). Ferner ein Kontrakt Alexanders II. vom Mai 1072, in welchem hinter der Scriptumformel, eingeleitet mit „Hoc autem interponimus" noch drei Zeilen hindurch mehrere kontraktliche Bestimmungen folgen. Offenbar waren sie vergessen und wurden deshalb einfach nachgetragen, wenngleich sie regelrecht vor das Scriptum gehört hätten.[1] Oder, ein päpstliches Breve herangezogen, das Calixts II. an König Alfons (J. 5066), wo der Datirung beigefügt ist: „Literas alias quas matri tuae mittimus, ei per tuum facias nuntium praesentari." Ob solche Vorkommnisse genügen, den Nachtrag in dem Breve Innocenz II. - Lérins (Acta I. Nr. 185) für echt zu halten, ist bei der Natur unserer Quelle, des höchst unzuverlässigen Chartulars, weder sicher zu verneinen noch zu bejahen. — In der durchgebildeten Kanzlei vermied man Nachträge, wenn etwas vergessen war, half man sich geschickter oder verfasste ein neues Schriftstück.

Doppelausfertigungen.

Duplikate kommen 1) bei solchen päpstlichen Urkunden vor, die für verschiedene Parteien erlassen wurden, also bei Judikaten, sie können gleich lauten oder auch nach Massgabe der Partei ein

---

[1] Kaltenbrunner Pabsturk. S. 80 verwirft dieses Schriftstück als „offenkundige Fälschung", mit Gründen, die für ein Privilegium ganz angebracht wären, aber, wie bereits oben gesagt, haben wir es hier mit einer durchaus anderen Urkundengruppe zu thun, die K. allerdings nicht kennt. Die Originalität lässt sich gar nicht anzweifeln, weil nichts an der ganzen Akte irgendwie verdächtig: die alte Kurialschrift des Conscripts, die päpstl. Unterschrift, das Bleisiegel, alles ist echt.

wenig verändert sein; 2) bei Breven, für verschiedene Personen, denen ein Gleiches kund gethan, aufgetragen etc. wird, oder bei solchen für verschiedene Klöster desselben Ordens, z. B. für die Cistercienserklöster, wo eines an Citeaux, eines an Clairvaux etc. geschickt wurde, adressirt können sie an alle Cistercienser und bei völligem Gleichlaute auf verschiedene Tage datirt sein; 3) bei Privilegienbullen, doch ist dieser Fall äusserst selten, mir wurde nur der von einer Urkunde Anastasius IV. für Glanfenil bekannt, welches als so gut wie gleichlautendes Originalduplikat im Archive von Monte Cassino aufbewahrt wird. Doch scheint hier der besondere Umstand obzuwalten, dass ein Exemplar für Glanfenil in Frankreich geschrieben wurde, eines für Monte Cassino, zu dem Glanfenil gehörte; später als das Archiv des letzteren mit jenem vereint wurde, kam auch die zweite Urkunde nach Monte Cassino. Alle sonstigen von mir eingesehenen Duplikate sind nur scheinbar; wenn nicht gar beide, so ist doch immer eines blosse Nachbildung. Eher, obschon ebenfalls ganz vereinzelt, kommt es vor, dass ein Papst für das gleiche Stift an einem Tage zwei verschieden lautende Bullen erlassen hat, wo in erster Linie die Doppelprivilegien Eugens III., Anastasius IV. und Alexanders III. für das Kapitel von Pistoja zu nennen sind (alle sechs Or. im Arch. di Stato zu Florenz). Nichts ausserordentliches ist es dagegen, dass zwei oder gar mehr Breven verschiedenen Inhalts an dem gleichen Tage für den gleichen Ort, bezw. die gleiche Person erfolgten, oder auch, dass ein Breve und eine Bulle auf denselben Tag und Adressaten lauten.